Lars Geiges

Fußball in der Arbeiter-, Turn- und Sportbewegung

Ein zum Scheitern verurteiltes Spiel?

GÖTTINGER JUNGE FORSCHUNG

Schriftenreihe des Göttinger Instituts für Demokratieforschung

Herausgegeben von Dr. Matthias Micus

ISSN 2190-2305

6 *Michael Lühmann*
Der Osten im Westen – oder: Wie viel DDR steckt in Angela Merkel, Matthias Platzeck und Wolfgang Thierse?
Versuch einer Kollektivbiographie
ISBN 978-3-8382-0138-2

7 *Frauke Nicola Schulz*
„Im Zweifel für die Freiheit"
Aufstieg und Fall des Seiteneinsteigers Werner Maihofer in der FDP
ISBN 978-3-8382-0111-5

8 *Daniela Kallinich*
Nicolas Sarkozy
Vom Außenseiter zum Präsidenten
ISBN 978-3-8382-0122-1

9 *Sebastian Kohlmann*
Franz Müntefering
Eine politische Biographie
ISBN 978-3-8382-0236-5

10 *Ralf Schönfeld*
Kanzleramtschefs im vereinten Deutschland
Friedrich Bohl, Frank-Walter Steinmeier und Thomas de Maizière im Vergleich
ISBN 978-3-8382-0116-0

11 *Lars Geiges*
Fußball in der Arbeiter-, Turn- und Sportbewegung
Ein zum Scheitern verurteiltes Spiel?
ISBN 978-3-8382-0225-9

Göttinger Institut
für Demokratieforschung

Lars Geiges

FUSSBALL IN DER ARBEITER-, TURN- UND SPORTBEWEGUNG

Ein zum Scheitern verurteiltes Spiel?

ibidem-Verlag
Stuttgart

Bibliografische Information der Deutschen Nationalbibliothek
Die Deutsche Nationalbibliothek verzeichnet diese Publikation in der Deutschen Nationalbibliografie; detaillierte bibliografische Daten sind im Internet über http://dnb.d-nb.de abrufbar.

Bibliographic information published by the Deutsche Nationalbibliothek
Die Deutsche Nationalbibliothek lists this publication in the Deutsche Nationalbibliografie; detailed bibliographic data are available in the Internet at http://dnb.d-nb.de.

∞

Gedruckt auf alterungsbeständigem, säurefreien Papier
Printed on acid-free paper

ISSN: 2190-2305

ISBN-13: 978-3-8382-0225-9

Printed in Germany

Eine neue Kultur des Schreibens

Idee

„Göttinger Junge Forschung", unter diesem Titel firmiert eine Publikationsreihe des „Instituts für Demokratieforschung", das am 1. März 2010 an der Georg-August-Universität in Göttingen gegründet worden ist. Ein Ziel dieses Institutes ist die Synthese zwischen Universität *und* Gesellschaft, Politik *und* Wissenschaft, Forschung *und* Öffentlichkeit.

In einem solchen Sinne sind auch die Bände der „Göttinger Jungen Forschung" als Scharnier gedacht. Junge Wissenschaftler können aus der universitären Eigenwelt heraustreten und einer breiteren Öffentlichkeit die Resultate ihrer Forschungen präsentieren. Sie können zeigen, dass sie die Techniken wissenschaftlichen Arbeitens beherrschen – und gleichzeitig zu farbigen und ausdrucksstarken Formulierungen fähig sind. Das mag feuilletonistisch klingen und manchem Kollegen unseriös anmuten. Doch meint die Synthese, wie sie uns vorschwebt und durch die Publikationsreihe promoviert werden soll, nicht zuletzt dies: auf eine manierierte Fachsprache weitestgehend zu verzichten, den exklusiven Sonderjargon zumindest dort zu unterlassen, wo er zur Präzisierung nicht erforderlich ist, und – jedenfalls wo das möglich ist, ohne die Interpretationen übermäßig zu verkürzen oder zu trivialisieren – stattdessen spannend und originell zu formulieren.

Inspiration

Am neu gegründeten „Institut für Demokratieforschung" verankert, steht diese Buchreihe zugleich in der Tradition der

„Göttinger Schule“ der Politikwissenschaft. Was ist damit gemeint, wodurch zeichnet sich der so titulierte politikwissenschaftliche Ansatz aus? Als in den 1990er Jahren in der Politikwissenschaft die Bezeichnung „Göttinger Schule“ aufkam, bezog sich das vor allem auf die Milieustudien der Göttinger Parteienforscher. Unter Rückgriff auf das Milieukonzept war es gelungen, die zeitgenössische Stabilität der bundesrepublikanischen Parlamentsparteien bei Wahlen, die starke Bindung ihrer Sympathisanten, ebenso parteipolitische Feindbilder und grundlegende Überzeugungen vor allem durch die eigenkulturelle Abschottung der Parteien und ihrer Anhänger in parallelgesellschaftlichen Organisationsnetzwerken zu erklären. Die Hochphasen der klar voneinander separierten Milieus mochten zum Zeitpunkt der Betrachtung weit zurückliegen, die Ideologien und Mythen längst verblasst sein, die alten Feste und Bräuche allenfalls noch erinnert, nicht aber mehr demonstrativ gepflegt werden – vielfach modifiziert, transformiert und dem Gesellschaftswandel angepasst, besaßen emotionale Milieuresiduen trotzdem immer noch Erklärungskraft für die Analyse regionaler Wählerhochburgen sowie zur Untersuchung beispielsweise der Besonderheiten des sozialstrukturellen Profils der Parteimitglieder wie auch des politischen Selbstverständnisses der Parteianhänger.

Die wegweisenden Analysen zu den Milieus korrespondierten mit bestimmten Forschungsschwerpunkten, die bis heute unverändert im Fokus der Göttinger Politikwissenschaft stehen. Milieus siedeln im Schnittfeld verschiedener Ursachen, Einflüsse und Wirkungen. Wer auf sie sein Augenmerk richtet, der kommt an Parteien nicht vorbei, den, nach der klassischen Formulierung von M. Rainer Lepsius, „politischen Aktionsausschüssen“[1] der Milieus. Auch Fragen der politischen Kultur sind schnell bei der Hand, wo erklärt werden muss, warum die eine Gesellschaft organisatorisch gestützte, sämtliche Lebensbereiche umfassende Vergemeinschaftungen hervorbringt, die andere dagegen nicht; oder weshalb manche Bevölkerungsgruppen eine Affinität zur Selbstausgrenzung in einer introvertierten Separatkultur zeigen, die anderen fremd ist.

Und insofern Milieus nicht von selbst, gleichsam voraussetzungslos und aus dem Nichts heraus, entstehen, sondern Ergebnisse bewussten Organisationshandelns sind, liegen auch Untersuchungen zu politischer Führung nahe, wenn von Milieus die Rede ist. Politische Anführer agieren nicht im luftleeren Raum, sie sind in institutionelle Strukturen und kulturelle Kontexte eingebunden und können – wie im 19. Jahrhundert bereits Otto von Bismarck wusste – den Strom der Zeit nicht schaffen, sondern allenfalls auf ihm steuern. Doch immer dann, wenn sich der gesellschaftliche Wandel beschleunigt, wenn lange Bewährtes überständig und vermeintliche Sicherheiten brüchig werden, dort also, wo sich die berühmten Gelegenheitsfenster öffnen – in diesen Momenten kommt es dann doch auf die individuellen Fähigkeiten der politischen Führungspersonen an, da vermögen der Instinkt und die Weitsicht, die Chuzpe, Entschlusskraft und das Verhandlungsgeschick, kurz: der Machtwille und die politische Tatkraft Einzelner den Geschichtsfluss umzuleiten und neue Realitäten zu schaffen.

Obwohl nun die Göttinger Politikwissenschaft in den vergangenen Jahren sukzessive ihr Blickfeld erweitert und immer weitere Dimensionen in ihre Analysen integriert hat,

---

1 Lepsius, M. Rainer: Parteiensystem und Sozialstruktur. Zum Problem der Demokratisierung der deutschen Gesellschaft, in: ders.: Demokratie in Deutschland, Göttingen 1993, S.25-50, hier: S.37.

bilden die alten Kernbereiche unverändert das Zentrum der Göttinger Forschungen. Thematisch werden die in diese Reihe aufgenommenen Arbeiten daher um folgende Untersuchungsgebiete kreisen: An Fallbeispielen werden Möglichkeiten und Grenzen, biographische Hintergründe und Erfolgsindikatoren politischer Führung untersucht. Kulturelle Phänomene, beispielsweise die Gestalt und Wirkung gesellschaftlicher Generationen, werden ebenso Thema sein wie auch klassische Organisationsstudien aus dem Bereich der Parteien- und Verbändeforschung.

Sprache

Gleichwohl: Seit einiger Zeit wird die Bezeichnung „Göttinger Schule“ breiter verwendet, als ihr Kennzeichen gilt heute nicht mehr die Beschäftigung mit Milieus oder spezifischen, klar abgrenzbaren Inhalten an sich, sondern allgemeiner ein spezifischer Darstellungsstil, der Forschungsergebnisse für ein interessiertes, fachfremdes Publikum aufarbeitet und die Vermittlung der akademischen Erkenntnisse weit über die engen Grenzen der eigenen Disziplin in die Öffentlichkeit hinein anstrebt. Die „Göttinger Schule“ steht für die Lust an der öffentlichen Einmischung und den Verzicht auf akademische Wortungetüme. Dabei bedeutet der eher lockere, essayistische Stil nicht, dass die Texte rasch oder unbedacht heruntergeschrieben würden. Eher im Gegenteil: Sozialwissenschaftliche Phänomene spannend darzustellen ist harte Arbeit. Man muss sich hinsetzen, die Gedanken in fesselnde Sätze verwandeln, die Sinn ergeben, welche zudem der Komplexität des untersuchten Gegenstandes gerecht werden und den Leser dennoch zum Umblättern veranlassen. Um Barbara Tuchman zu zitieren: „Das ist mühselig, langsam, oft schmerzlich und manchmal eine Qual. Es bedeutet ändern, überarbeiten, erweitern, kürzen, umschreiben.“[2]

Diese Ausdrucksweise zu fördern, und in Anbetracht des dominanten Präsentationsstiles der zeitgenössischen Sozialwissenschaften könnte man etwas hochtrabend auch von einer neuen „Kultur des Schreibens“ sprechen, ist ein zentrales Anliegen der vorliegenden Buchreihe. Schreiben, davon sind wir überzeugt, lernt man nur durch die Praxis des Schreibens. Praxis des Schreibens heißt aber Veröffentlichung, und die Möglichkeit zu einer frühen Publikation und gleichzeitig zu einem frühzeitigen Training sowie Nachweis der eigenen Vermittlungskompetenz soll mit der Reihe „Göttinger Junge Forschung“ geboten werden.

Es liegt nun nahe, dieses Ziel, eine neue Kultur des Schreibens herauszubilden, nicht kurzfristig anzustreben. Ebenso offensichtlich wird die bloße Absichtsbekundung, verständlichere und lesbarere Texte zu verfassen und sich verstärkt in die öffentlichen Diskurse einzumischen, zunächst einmal wenig bewirken. Perspektivisch wird es vielmehr darum gehen müssen, eine neue Generation von Politik- und Sozialwissenschaftlern zu begründen, deren Talente zu Vermittlung und Transfer ihrer Forschungsresultate, zum melodiösen Schreiben wie auch zu wirkungsvoller öffentlicher Intervention von Anfang an während des Studiums weiterzuentwickeln sind. In diesem Sinne hat die Buchreihe die Funktion, vorhandene Begabungen im Umfeld des Göttinger „Instituts für Demokratieforschung“ durch die reizvolle Offerte einer frühzeitigen Publikation gezielt zu – horribile dictu – fördern und fordern.

---

2 Tuchman, Barbara: In Geschichte denken, Frankfurt a.M. 1984, S.27.

Offenheit

Kreativ schreiben aber kann nur, wer beizeiten seine Gedanken schweifen lässt. Die neue Kultur des Schreibens verträgt sich daher nicht mit der Neigung zu starrer Kategorienbildung, der Glättung realer Widersprüche in konstruierten Systemen und scheinexaktem Schubladendenken, wie sie in den Sozialwissenschaften verbreitet sind. Die Autoren dieser Reihe arbeiten daher mit methodisch sehr viel offeneren Verfahren, die als „dichte Beschreibung" oder „aufmerksame Beobachtung" apostrophiert werden können. Die aufmerksame Beobachtung gleicht einer Entdeckungsreise in unbekannte Erkenntnisfelder. Es wird aufzunehmen, festzuhalten und zu berücksichtigen versucht, was in einer konkreten Handlungssituation geschieht. Der Fluchtpunkt ist das Aufspüren und Sichtbarmachen von möglichen Zusammenhängen. Kann die aufmerksame Beobachtung insofern mit einem Weitwinkelobjektiv verglichen werden, so ist die dichte Beschreibung der Zoom. Alles das, was für die gewählte Fragestellung entbehrlich ist, wird herausgefiltert und der Rest zu einer fesselnden Erzählung komponiert. Mithilfe von Faktenkenntnis, Einfühlungsvermögen und Vorstellungskraft werden die Zusammenhänge und Bedeutungen hinter den Details sichtbar gemacht, durch die Konzentration auf das Wesentliche und die scharfe erzählerische Konturierung zunächst verschwimmender Linien die Leser in den Bann geschlagen.

In diesem Sinne setzen die Autoren der Reihe „Göttinger Junge Forschung" auf die Integration ganz unterschiedlicher Aspekte, Sichtweisen und Methoden, um das für komplexe Probleme charakteristische Zusammenspiel multipler Faktoren analysieren und die internen Prozesse eines Systems – die sogenannte "black box" – verstehen zu können. Menschliches Handeln ist häufig unlogisch, politische Entscheidungen entspringen nicht selten Zufällen. Der Gefahr, Nuancen einzuebnen und Geradlinigkeit zu behaupten, wo tatsächlich Unebenheiten dominieren, kann man nur durch forschungspragmatische Offenheit entgehen. Einer interessanten, anregenden, inspirierenden Darstellung und also dem Genuss bei der Lektüre kommt das ohnehin zugute.

Matthias Micus
Göttingen, im April 2010

Inhalt

I Einleitung

Er wird sich diesen Schritt gut überlegt haben, der 21-jährige Hafenarbeiter Erwin Seeler. Seine Entscheidung, im Februar 1932 vom SC Lorbeer 06 zu Viktoria Hamburg zu wechseln, war vor allem ein Politikum. Denn der Wechsel des späteren HSV-Idols, wie sein Sohn Uwe ein begnadeter Mittelstürmer, war nicht einfach ein Wechsel von einem Verein zum anderen. Es war der Übertritt von einem deutschen Fußballverband zum anderen, vom Arbeiter- Turn- und Sportbund (ATSB), dem Seeler als Neunjähriger beigetreten war, zum Deutschen Fußball-Bund (DFB), ein Tausch des politischen Milieus, von den sozialdemokratischen Klassenkämpfern mitten hinein ins bürgerliche Lager – auch wenn es Erwin Seeler und seinem mit ihm gewechselten Teamkollegen, dem Mittelläufer Alwin Springer, vielleicht nur um etwas Geld, eine größere Wohnung und eben Fußball gegangen sein mag. Entsprechend reagierten Anhänger, Nachbarn, Mitspieler und die SPD-Presse auf den Wechsel der Hamburger Arbeiterfußballer beleidigt, ja beinahe hysterisch, jedoch letztlich hilflos. Das ‚Hamburger Echo' sprach unter der Überschrift „Verirrte Proletarier" vom „Hochmutsfimmel" der beiden „Überläufer". Es müsse doch ein peinliches Gefühl sein, im Arbeiterviertel zu wohnen, täglich seinen ehemaligen Genossen zu begegnen und dann verachtet zu werden. Die Bewegung jedoch, so war man sich einig, weine den beiden Spielern „keine Träne nach" (z.n. Skrentny 1982, 190). Dass die Reaktionen derart harsch ausfielen, hing auch damit zusammen, dass Erwin Seeler jemand war, den es im Arbeiterfußball eigentlich nicht geben durfte: nämlich ein Star.

Zweimal, 1929 und 1931, gewann er mit dem SC Lorbeer 06 die Bundesmeisterschaft. Außerdem war Seeler ATSB-Auswahlspieler, ein guter dazu. Bei der zweiten Arbeiterolympiade in Wien im Juli 1931 verpasste allein Seeler den Ungarn sieben von insgesamt neun Gegentreffern. Danach trugen seine Mitspieler ihn, den Sohn eines sozialdemokratischen Gastwirts, auf den Schultern vom Platz; in den Augen der Arbeiterbewegung ein nicht zu tolerierender Starkult.

Mögen die Gründe für Seelers Vereinswechsel letztlich trivial gewesen sein, seine Abkehr vom SC Lorbeer 06 steht dennoch beispielhaft für die eher schwache Bindungs- und Anziehungskraft des ATSB-Fußballs im organisierten Arbeitersport, deren Gründe in der vorliegenden Arbeit nachgegangen werden soll.

Zunächst war Fußball ein vom Arbeitersport wenig geliebtes Spiel. Von Arbeiterturnern im Jahre 1893 als Arbeiter-Turn-Bund (ATB) gegründet, lehnte der Bund lange Zeit ohnehin jegliche Sportspiele ab, so auch Fußball. Bis nach dem Ersten Weltkrieg galt das Balltreten als gänzlich unproletarisch. Viel zu individualistisch und zu leistungsorientiert sei dieses körperbetonte Spiel. Fußball war als rundherum bürgerlich verpönt den Studenten und Gymnasiasten vorbehalten. Zudem fördere er durch seinen Wettkampfcharakter und hohen physischen Einsatz kompromissloses Konkurrenzdenken. Einzelne Spieler würden hervorgehoben, was wiederum dem Egoismus Vorschub leiste. Kurzum: Der organisierte Arbeitersport tat sich anfänglich schwer mit dem ‚english sport' und die Arbeiterfußballer mussten für die Akzeptanz ihres Sports innerhalb des Bundes kämpfen. Daher fand Fußball als selbstständige Sparte auch erst auf dem 13. Bundestag im Jahre 1921 Anerkennung im Bund, der sich bereits zuvor in ATSB (Arbeiter-, Turn- und Sportbund) umbenannt und damit seine zunehmende Öffnung für die Sportspiele bekundet hatte. Fußball hatte sich bis dahin längst zu einem klassenübergreifenden Massenphänomen entwickelt, dem sich auch der ATSB nicht mehr entziehen konnte (vgl. Eisenberg 1993, 137). Zu diesem Zeitpunkt allerdings organisierten die ‚Bürgerlichen' bereits seit 21 Jahren ihren Fußball im Deutschen Fußball Bund.

Im Allgemeinen traf Sport in den Weimarer Jahren die Bedürfnisse, Gefühlslagen und Erwartungen weiter Bevölkerungskreise in einer sich beschleunigt wandelnden Zeit (vgl. Luh 2006, 7; vgl. Eisenberg 1993, 137). Sebastian Haffner (2000, 72f) notiert in seinen Erinnerungen an diese Jahre:

„(...) der eigentliche Geist des Sports, das selbstvergessen-spielerische Aufgehen in einer Phantasiewelt mit ihren eigenen Regeln und Gesetzen, ist der deutschen Seelenverfassung ganz fremd." Jedoch fügte er hinzu: „Es gab keinen Altersgenossen, mochte er noch so fremd, noch so ungebildet, noch so unsympathisch sein, mit dem ich mich nicht sofort beim ersten Sehen glänzend und stundenlang unterhalten konnte – über Sport natürlich."

Eine Entwicklung, die sich auch im Arbeitersport niederschlug. Auf dem Höhepunkte dieses „Sportfimmels" (Haffner 2000, 73), im Jahr 1928 zählte der Bund rund 1,2 Millionen Mitglieder, publizierte insgesamt 60 Zeitungen mit einer Auflage von etwa 800.000 Exemplaren (ohne lokale Blätter) und betrieb mit seiner Bundesschule in Leipzig eine fortschrittliche Lehrstätte (vgl. Teichler 1984, 325). Unter allen sozialistischen Kultur- und Freizeitvereinigungen der Arbeiterbewegung war der ATSB die größte. Zum Vergleich: Im Arbeitersängerbund organisierten sich ca. 270.000 Arbeiter; im Touristenverein ‚Die Naturfreunde' knapp 120.000; im Arbeiter-Samariter-Bund – dem sozialistischen Gegenstück zum bürgerlichen Roten Kreuz – etwa 50.000. Damit kam dem ATSB, als mächtigstem Träger aller Freizeit- und Kulturorganisationen, eine erhöhte politische Bedeutung zu. Denn neben Partei und Gewerkschaft galten sie als „dritte Säule" oder auch „dritte Front" (Franken 1930, 22) der Arbeiterbewegung (vgl. Winkler 1985, 128; vgl. Wunderer 1980, 39).

I.1 Forschungsstand

Die Arbeiterbewegung ist in der deutschen Geschichtswissenschaft relativ gründlich aufgearbeitet worden. Unlängst veröffentlichte Stiller (2006) seine Bibliographie über den Arbeitersport. Das 335 Seiten starke Werk fasst mehr als 3000 Aufsätze, Monographien sowie Dissertationen und Zeitschriftenbeiträge zum Thema zusammen. Ist die Arbeitersportbewegung also eine bestens vertraute Bekannte der Geschichtswissenschaft? Immerhin wirkt die Literatur zum Thema nahezu unüberschaubar. Doch der Gegenstand unterlag bisweilen den Schwankungen des Forschungsinteresses. Auffällig ist, dass die wissenschaftliche Auseinandersetzung mit dem Thema Mitte der 1990er Jahren rar geworden ist. Wesentliche Veröffentlichungen, die sich mit Fragestellungen des Arbeitersports beschäftigen, sind seit 1995 nicht mehr erschienen.[1] Ähnliches gilt für den Teilbereich Arbeiterfußball, der überhaupt erst im Laufe der 1980er Jahren ins zentrale Interesse einzelner Sporthistoriker rückte. Trotz dieser Entwicklungen blieb die Geschichte der Arbeitersportbewegung in Deutschland weiter in der Literatur präsent, auch wenn die Fundstellen versteckter geworden sind. Denn der Gegenstand hat in der historischen Milieuforschung seinen festen Platz erobert und wurde in übergeordneten Zusammenhängen thematisiert und problematisiert (vgl. Langewiesche/Schönhoven 1981; vgl. Lösche/Walter 1989; vgl. Wunderer 1980).

Als Standardwerke zur Organisationsgeschichte des ATSB gelten die „Pionierarbeiten“ (Teichler 1984, 337) von Timmermann (1973) und Ueberhorst (1973). Die Arbeit von Nitsch/Peiffer (1995) zum 100-jährigen Gründungsjubiläum des Arbeitersports ist ebenfalls ein solches Überblickswerk – genauso wie die illustrierte Geschichte des Arbeitersports von Hauck/Teichler (1987). Beide Arbeiten zeichnen die Entwick-

---

1 Vgl. zuletzt Marschik, Matthias: "Wir spielen nicht zum Vergnügen". Arbeiterfußball in der Ersten Republik. Wien 1994; Schönberger, Klaus: Arbeitersportbewegung in Dorf und Kleinstadt. Zur Arbeiterbewegungskultur im Oberamt Marbach 1900-1933. Tübingen 1995 und Stiller, Eike: Jugend im Arbeitersport. Lebenswelten im Spannungsfeld von Verbandskultur und Sozialmilieu von 1893 - 1933. Münster 1995; Dwertmann, Hubert: Zwischen deutscher Kulturtradition und zivilgesellschaftlichem Aufbruch. Eine entwicklungssoziologische Studie zur Arbeiter- Turn und Sportbewegung in Hannover, Münster 1997.

lungen der Sportarten der gesamten Arbeitersportbewegung nach und betonen dabei auch die politische Ebene des Arbeitersports. Als Quellen dienen vor allem Arbeiter(sport-)zeitungen. Interessantes über die Programmatik und das Selbstverständnis des Arbeitersports schreibt Dierker (1983). Ein Ergebnis seiner Studie: Die theoretischen Positionen im Arbeitersport zeigten deutliche Tendenzen eines Aneignungsprozesses, der sich stark an den historisch-bürgerlichen Traditionen orientierte (Dierker 1983, 53).

Die bisher einzige vergleichende Publikation über den internationalen Arbeitersport ist der Sammelband von Krüger/Riordan (1985). Fußball in der Weimarer Zeit, eingeschlossen dem organisierten Arbeiterfußball, fand in den letzten Jahren in einigen, eher journalistischen Abhandlungen Beachtung.[2]

Wissenschaftlich befasste sich Filter (1988) mit dem Arbeiterfußball im ATSB. Allerdings verzichtete der Autor in seiner Darstellung darauf, mögliche Gründe für das Scheitern des ATSB-Fußballs zu diskutieren. Pyta (2004) hingegen wertet den rot gefärbten Fußballbetrieb als Misserfolg der sozialistischen Arbeiterbewegung. Schließlich sei es nicht geglückt, so schreibt der Historiker, eine gegenkulturelle Barriere gegen das Eindringen des als bürgerlich wahrgenommenen Fußballfiebers zu errichten (vgl. Pyta 2004, 21). Luh (2006) behandelt in seinem Aufsatz zum Fußball in der Weimarer Republik ausführlich den organisierten Arbeiterfußball. Seine Betrachtung stellt derzeit die aktuellste Übersichtsarbeit dar. Eggers' (2001) Studie über den Fußball von 1918-1933 thematisiert den organisierten Arbeiterfußball nur am Rande. Auf rund 180 Seiten werden ihm lediglich sieben Seiten gewidmet.

---

2 Vgl. Bausenwein, Christoph (2006). Geheimnis Fußball. Göttingen. Sowie: Hering, Hartmut (2003): Im Land der tausend Derbys – Die Fußball-Geschichte des Ruhrgebiets, Göttingen.

I.2 Zentrales Interesse

Was ist aber nun das Ziel dieser Arbeit? Zuerst das, was definitiv kein Ziel sein darf: eine chronologische Darstellung der Geschichte des ATSB-Fußballs, mit seinen Bundesspielen, Turnieren und Ländervergleichen. Die sportlichen Ereignisse finden nur dann Eingang in die Arbeit, wenn sie Aussagen darüber zulassen, wie die Arbeiterfußballer ihre Spielpraxis gestalteten. Es geht auch nicht darum, ein Bild aller sporttreibenden Arbeiter zu skizzieren. Die Unterscheidung zwischen sporttreibenden Arbeitern und organisierten Arbeitersportlern ist wichtig. Denn besonders im Fußball schlossen sich zahlreiche Arbeiter bürgerlichen Fußballvereinen an, spielten in sogenannten ‚wilden' Vereinen, in konfessionellen Sportverbänden oder später in den kommunistischen Rotsport Vereinen. Aber diese „verirrten Proletarier" (Skrentny 2002, 73) sind erst dann von Interesse, wenn es darum geht, den ATSB-Fußball in der Auseinandersetzung mit seinem großen Konkurrenten, dem bürgerlichen Fußball des Deutschen Fußball Bundes zu analysieren. Folglich richtet sich der Scheinwerfer des Interesses zunächst auf die Organisation selbst.

Zurück zum Anfang und zu den vielfältigen Freizeit- und Kulturorganisationen der Arbeiterbewegung. Bereits im Jahre 1925 formulierte Robert Michels dazu seine Thesen. Laut Michels liegen allen Organisationen, besonders aber denen der Arbeiterbewegung, eine Tendenz, ja ein ehernes Gesetz zur Oligarchisierung, Bürokratisierung, Apparatbildung, Professionalisierung und zu autoritären Herrschaftsmechanismen zugrunde (vgl. Michels 1925, 25). Mehr noch als das: Bezogen auf die Weimarer Sozialdemokratie hieß es, sie sei von Immobilismus, politischer Inflexibilität, Vergreisung, Bürokratisierung, Entpolitisierung, konservativer Mentalität des Apparats und Mangel an innerparteilicher Diskussion gekennzeichnet gewesen (vgl. Mommsen 1974, 106ff.). Ähnliches formulierte Schulze-Marmeling (1992) am Beispiel des ATSB: „Die langjährige Abstinenz des ATSB gegenüber dem Fußball – zugunsten des Turnens – war symptomatisch für den kulturellen Konservatismus der Organisationen der deutschen Arbeiterbewegung überhaupt“ (Schulze-Marmeling 1992, 93). Den Autoren zufolge kann demnach die Fußballsparte des ATSB sui generis für das Scheitern des organisierten Arbeiterfußballs in der Weimarer Zeit verantwortlich gemacht werden. Eine These, die in dieser Arbeit geprüft werden soll. Denn während der DFB in den Jahren von 1918 bis 1931 um insgesamt 557.000 Mitglieder wuchs, traten den Fußballvereinen des ATSB lediglich 88.000 Sportler ein (vgl. Grüne 2003, 63).

Warum profitierte der organisierte Arbeiterfußball – im Gegensatz zu seinem bürgerlichen Pendant – relativ wenig von der damals vorherrschenden Popularisierung des Fußballs, lautet also die letztlich entscheidende, übergeordnete Frage.

I.3 Quellen und Aufbau der Arbeit

Das Herzstück der Arbeit stellt die Analyse der Freien Sportwoche, einer seit 1919 wöchentlich erscheinenden Arbeitersportzeitung, dar. Das Blatt hat die ganze Entwicklung des Arbeiterfußballs nach dem Kriege mitverfolgt und war „dem Fußballer Sprachrohr, Waffe, Bildungs- und Schulungsmittel“ (Fußball-Stürmer 1932, 3)[3]; druckte allerdings auch kritische Stimmen zum Arbeiterfußball. Im Archiv der sozialen Demokratie (AdsD) in Bonn konnte ich in der (nahezu) lückenlosen Sammlung dieser Zeitung recherchieren. Hinzu kamen ausgewählte Ausgaben der ‚Arbeiter-Turn-Zeitung‘, des ‚Fußball-

---

[3] Wann immer möglich, wurden die Seitenzahlen der Quellen mit angegeben. Jedoch, besonders bei Material aus den Jahren 1919, 1920 und 1921, sind die Seitenzahlen teilweise fehlerhaft oder es wurde auf eine durchgehende Nummerierung der Ausgaben verzichtet.

Stürmer' und des ,Fußball-Spieler' sowie diverse ATSB-Agitationsmaterialien, Bundessatzungen, Sitzungsprotokolle und Mitschriften von Reden, die mir im AdsD zugänglich waren.

Reichlich Literatur ist zu den Teilkomplexen ,Sport in der Weimarer Republik' und ,Sozialistische Arbeiterbewegung' vorhanden. Davon befassen sich allerdings wenige Arbeiten, der Forschungsstand hat es bereits gezeigt, ausdrücklich mit der ATSB-Fußballsparte. Deshalb stellen Zeitschriftenartikel und Aufsätze in Sammelbänden sowie journalistische Arbeiten das Gros des Sekundärmaterials.

Aus der gewählten Fragestellung ergibt sich eine Dreiteilung des Aufbaus der Arbeit: Zuerst wird die Entstehung und Entwicklung der Arbeitersportbewegung dargestellt und das Selbstverständnis des Arbeitersports erklärt (Kapitel II). Welcher ,ideologische Überbau' liegt auf dem Arbeitersport? Welche Auffassung von Sport besaßen die ATSB-Sportler? Welcher Tradition entsprang diese? Hier greife ich vornehmlich auf Sekundärliteratur zurück, ergänzt durch Agitationsmaterial des Bundes sowie die Schriften von Franken (1930), Wagner (1931) und Wildung (1929).

Dann, im zweiten Hauptteil (Kapitel III), wird zuerst die Entwicklung des Fußballs im ATSB dargestellt. Wie wurde der Fußball zum Massensport in Deutschland? Und wie wurde diese Entwicklung vom ATSB aufgenommen? Hier wird vornehmlich mit Sekundärliteratur gearbeitet. Im Anschluss geht es um die Durchsetzung des Spiels im Bund (Kapitel III.2). Welche Hindernisse hatten die Arbeiterfußballer zu überwinden, bis es zur Bildung der eigenen Sparte kam? Welche Konflikte wurden zwischen dem Bund und der Fußballsparte ausgetragen? Anschließend wird die ATSB-Fußballsparte auf der Organisationsebene vorgestellt (Kapitel III.3). Wie organisierte sich der Bund national, aber auch international? Welche Mitgliederbewegungen gab es? Wie sah die Spielpraxis der Sparte aus (Kapitel III.4)? Welche Überlegungen stellten die Arbeiterfußballer an, um ihren Sport zu verändern? Die sparteninternen Diskussionen über die Einführung eines Punktesystems statt der bis heute gültigen Torzählung und die Ausrichtung von Fußball-Lehrspielen anstelle von Wettkampfspielen werden als Antwort der Fußballsparte auf die ,Verrohung des Spiels' in diesem Kapitel dargestellt. Das Unterkapitel Technik, Training, und Taktik beantwortet zuvor die Frage, ob ein eigener Fußball, sozusagen ein sozialistischer Spielstil, im ATSB gepflegt wurde.

Der dritte Hauptteil (Kapitel IV) untersucht die Rolle des Arbeiterfußballs in der Auseinandersetzung mit dem ,bürgerlichen' DFB. Dabei werden die gegensätzlichen Vorstellungen einer medialen Präsentation des Spiels und die ersten Ansätze einer Kommerzialisierung (Presse, Werbung, Radio) des Sports diskutiert. Außerdem wird der Umgang der Sparte mit den Arbeitern, die in DFB-Vereinen spielten, herausgearbeitet. Worin sah der ATSB die Gründe für die Abkehr seiner Fußballer vom Bund? Wie gingen sie mit den abtrünnigen Genossen um? Was bewegte die Arbeiter, in den Vereinen der Klassenfeinde zu spielen? Wie wurden die Arbeiter bei den ,Bürgerlichen' aufgenommen? Zur Beantwortung dieser Fragen greife ich auch auf Sekundärliteratur über den ,bürgerlichen' Fußball zurück. Anknüpfend daran, wird die Haltung des Arbeiterfußballs zum sogenannten Amateurprinzip der Spieler geprüft und mit der Position des DFB verglichen. Es zeigt sich, dass diese Auseinandersetzung eng verbunden ist mit der Behauptung des ,bürgerlichen' Fußballs, dieser sei politisch neutral.

Im Fazit (Kapitel V), das die verschiedenen Fäden der Arbeit wieder zusammenführt, sollen dann abschließend Aussagen zur zentralen Frage getroffen werden, warum der organisierte Arbeiterfußball kaum von der damaligen Popularität des Fußballs profitierte.

II Die Arbeitersportbewegung

II.1 Entstehung und Entwicklung

Mit einigen Jahren Verspätung entstanden die Arbeitersportvereine. Erst in den 1890er Jahren gründeten sich mit dem Arbeiterturnbund (ATB; 1893), dem Touristenverein ‚Die Naturfreunde' (1895) und dem Arbeiter-Radfahrbund ‚Solidarität' (1896) die ersten Organisationen der Bewegung. Mehr als 80 Jahre zuvor, genauer gesagt, am 19. Juni 1811, hatte Friedrich Ludwig Jahn bereits seinen ersten Turnplatz auf der Hasenheide bei Berlin eröffnet und somit seinem „vaterländischen Turnen" (Krüger 1993, 42) eine erste, feste Übungsstätte gegeben. Gerade einmal zwei Jahre später sollen sich dort bei einer Schauveranstaltung rund 10.000 Menschen versammelt haben (vgl. Krüger 1993, 49), so dass sich die Frage nach den historischen Ursachen für das ungleichzeitige Entstehen dieser beiden Sport- bzw. Turnbewegungen stellt.

Mit dem Wachstum des industriellen Systems, nach den sogenannten Befreiungskriegen von 1813/15, verlängerten sich die Arbeitstage der Arbeiter zunächst auf 13 Stunden, später dann auf 14 und in den 1840er Jahren konnten sie bis zu 17 Stunden andauern (vgl. Ruppert 1986, 147; vgl. Grebing 1981, 21). Bereits im April 1848 forderte die Wuppertaler Geselleninnung die „hochgeehrte(n) Herrn Arbeitgeber" dazu auf, eine zwölfstündige Arbeitszeit von 6 bis 12 sowie von 13 bis 19 Uhr „für immer" zu garantieren, denn die Verrichtungen eines Färbers wären so belastend, „daß diese Arbeitsstunden selbst den stärksten Mann erschöpfen". Feiertage sollten zudem „ohne Ausnahme" Ruhetag sein: „Auch unsere Körper müssen einen Sabbat, auch unsere Seelen einen Sonntag haben" (z.n. Ruppert 1986, 147), hieß es. Nicht nur auf die Belastungen im Produktionsprozess verweisen diese Äußerungen, sondern sie zeigen auch die schlechte körperliche

Verfassung der Arbeiterschaft, die häufig mit mangelhafter Ernährung einherging. Zudem kamen die schlechten Wohnverhältnisse der Arbeiter hinzu. Stetig sinkende Löhne bis in die 1850er Jahre hinein erlaubten ihnen nicht einmal, ihre einfachsten Bedürfnisse zu befriedigen. Einer Teilnahme der Arbeiter an Turnveranstaltungen fehlten allein schon die materiellen Voraussetzungen. Vollkommen undenkbar in dieser Zeit: die Gründung eigener Arbeiterturnvereine.

Dies hatte allerdings noch einen weiteren Grund. Denn ein Großteil der Arbeiter vor 1850 waren Wanderarbeiter. Kuczynski (1982) schildert das wohl klassische Beispiel des Eisenbahnarbeiters: „Wenn eine Bahn gebaut wurde, sammelten sich immer zahlreiche Arbeiter aus der Umgebung, z.B. Tagelöhner vom Lande, Heimarbeiter aus dem Textilgewerbe, Handwerksgesellen, arbeitslose Fabrikarbeiter. Die meisten Arbeiter bei den Bahnbauten aber waren Wanderarbeiter, die oft von weither kamen und schon jahrelang von Strecke zu Strecke zogen, immer dorthin, wo es gerade Arbeit und Verdienst gab" (Kuczynski 1982, 95).

Die physische und psychische Verelendung der Arbeiter rief von staatlicher Seite Bestrebungen hervor, welche die schlimmsten Folgen dieser Produktionsweise abfedern sollten. Die Fabrikarbeit von Kindern gefährdete nämlich zunehmend die physische Reproduktion der Arbeiterklasse. Deutlicher: Die preußische Regierung fürchtete „daß die Fabrikgegenden ihr Kontingent zum Ersatz der Armee nicht vollständig stellen können" (Grebing 1981, 24). Auch deshalb wurde 1839 für Preußen erstmalig ein Gesetz erlassen, das die Nachtarbeit sowie die Arbeit für Kinder unter neun Jahren verbot und den Arbeitstag für Kinder unter 16 Jahren auf zehn Stunden beschränkte (vgl. Grebing 1981, 24). Doch die Krise hielt an und die Arbeiter reagierten nunmehr mit Protest. Allein im April und Mai 1847, als die Preise für die Hauptnahrungsmittel einen neuen Höchststand erreichten, wurden in Preußen 158 Hungerrevolten gezählt, Plünderungen von Läden und Lagern, Straßenblockaden und Markttumulte mit eingerechnet (vgl. Clark 2007, 522). Besonders bei den Bauern und Handwerkern vom Lande war die Not entsetzlich. Zumeist in Heimarbeit arbeitend, konnten sie sich neben der beginnenden industriellen Konkurrenz nur dann halten, wenn sie ihre Arbeitszeit ausdehnten, Frauen und Kinder gleichermaßen beschäftigten oder von dem Gemüse, den Kartoffeln und dem Obst ihrer eigenen kleinen Parzelle lebten (vgl. Grebing 1981, 22). Wie hoffnungslos unterlegen das Handwerk gegen die frühe Industrialisierung war, zeigt der Zuwachs an Maschinen: 1837 waren in Preußen 419 Dampfmaschinen in Betrieb, zwölf Jahren später, 1849, bereits 1444 (vgl. Grebing 1981, 22).

Ein Gesetz aus dem Jahre 1853 erhöhte das Mindestalter für die Beschäftigung in Fabriken auf zwölf Jahre und reduzierte die tägliche Arbeitszeit bis zum 14. Lebensjahr auf sieben Stunden. Doch die Kontrollen für die Anwendung der gesetzlichen Bestimmungen waren sehr ungenau, so dass sie wohl meist umgangen werden konnten. Indes war es für die Eltern eine Frage der Existenzsicherung, dass ihre Kinder mitarbeiteten, jedenfalls solange sich ihre eigene Lohnsituation nicht verbessert hatte (vgl. Grebing 1981, 24).

Grundlegende Verbesserungen in den Lebens- und Arbeitsverhältnissen der Arbeiter traten aber erst nach 1850 ein, mit dem Beginn der eigentlichen Industrialisierung, die Deutschland nach 1870 zu einem der ersten Industrieländer der Welt werden ließ. Verantwortlich für die günstige Konjunktur waren unter anderem die Ausschaltung ausländischer Konkurrenzwaren durch einheitliche Grenzzölle, die Zunahme des Personen- und Güterverkehrs durch den massiven Bau von Eisenbahnlinien und die Verstärkung der Schwerindustrie (vgl. Grebing 1981, 48).

Mit der zunehmend politischen und gewerkschaftlichen Organisation der Arbeiterklasse in den 1860er Jahren – sämtliche Regungen einer organisierten Arbeiterbewegung wurden nach der Revolution von 1848 im Deutschen Bund illegalisiert – konnten die Arbeiter eine wesentliche Erhöhung ihrer Löhne erkämpfen. Getragen wurde die einsetzende Bewegung nicht etwa durch ein zahlenmäßiges Anwachsen dieser Bevölkerungsschicht, sondern, so Grebing (1981, 48), durch eine Minderheit qualifizierter Arbeiter, die unter dem Eindruck der allgemeinen politischen Entwicklung jener Zeit die politische Aktivität übernahm. Als Resultat erhöhten sich die Löhne und es verringerte sich die tägliche Arbeitszeit.[4]

Die materiellen Voraussetzungen für die Gründung einer eigenen, proletarischen Turnorganisation waren damit gegeben. Als Erklärung reicht dies aber noch nicht. Denn dazu muss auch die Entwicklung der deutschen Turnbewegung ins Blickfeld genommen werden.

Von einer ehemals oppositionellen demokratischen Bewegung entwickelte sie sich seit den 1860er Jahren – verstärkt aber in der Gestalt der Deutschen Turnerschaft (DT) seit der Reichsgründung von 1871 – zu einer Stütze des Obrigkeitstaates. 1878 unterstützte sie die Verabschiedung des sogenannten Sozialistengesetzes und offenbarte damit ihren anti-sozialdemokratischen Charakter. Zunächst stramm nationalistisch eingestellt, übernahm die DT um die Jahrhundertwende den offenen imperialistischen Kurs des Kaiserreichs. In ihren Statuten definierte sie den Zweck des Turnens: „Pflege deutschen Volksbewußtseins und vaterländischer Gesinnung". Diese sei nicht politisch, sondern „vaterländische Pflicht", behauptete die DT und bezeichnete daher die eigene Organisation als politisch neutral (vgl. Krüger 1993, 42). Parteipolitische Bestrebungen wurden als unvereinbar mit ihrem Statut erklärt. Innerhalb der Organisation drückten sich die Klassenverhältnisse des Kaiserreichs aus. So entstanden an Orten mit einer starken industriellen Arbeiterschaft häufig zwei, drei oder mehr Vereine der DT, deren Mitgliederstruk-

---

4 Klönne (1989) zitiert seine Zahlen nach Kuczynski (1982), wonach die tägliche Arbeitszeit von 14 Stunden im Zeitraum 1850/59 auf 11 Stunden im Zeitraum 1887/93 sank, während der Lohn zwischen 1860/67 und 1887/94, setzt man den Lohnindex für das Jahr 1900 auf 100, von 74 auf 92 anstieg.

turen relativ homogen waren und sich gerade darin voneinander unterschieden: Ein Verein war für das Bürgertum, ein zweiter für den Mittelstand und der dritte für die Arbeiterschaft. Mitglieder, die sich offen zur Sozialdemokratie bekannten, bzw. Vereine, in denen sozialdemokratische Mitglieder die Mehrheit besaßen, wurden aus der DT ausgeschlossen. In den Vereinen waren es fast ausschließlich wohlhabende Bürger und Intellektuelle, welche die Vereinsführung stellten und das so Vereinsleben entsprechend politisch färbten (vgl. Ueberhorst 1973, 21; vgl. Krüger 1993, 42).

Die Gründung des Arbeiter-Turn-Bundes (ATB) nach der Aufhebung des Sozialistengesetzes in Gera am 21. Mai 1893 stellt sich vorrangig als Ergebnis dieser Entwicklung dar. Ähnlich wie die Gründung vergleichbarer Arbeiterkultur- und Freizeitorganisationen war der ATB somit unmittelbar im Zuge historischer Klassenauseinandersetzungen, als Reflex auf eine Abschottung von oben, auf eine von außen aufgezwungene gesellschaftliche und politische Isolation entstanden (vgl. Kramer 1987, 222). Die Arbeiterbewegung und als deren Bestandteil auch die Arbeitersportbewegung begründeten ihre Bestrebungen als Mittel zur Förderung des Klassenkampfes. Nach Wunderer (1980, 30) bedeutete das Leben in der Gemeinschaft der Organisationen jedoch vor allem Kompensation für die verweigerte Partizipation am öffentlichen Leben: „Die zu Selbstbewußtsein gelangte Industriearbeiterschaft fand eine neue Heimat in einer eigenen Welt von Organisationen und Institutionen, in der der Genosse ‚von der Wiege bis zur Bahre‘ zu leben vermochte“. Die Vereine der Arbeiterkulturbewegung wurden zu einer Art „Staat im Staate“ (Klönne 1989, 124) mit einem hohen Grad gruppeninterner Integration (vgl. Ritter 1996, 24).

Die besondere Popularität des Sports bei den Arbeitern hat Wheeler (1978) versucht zu erklären. Nicht nur die vermehrte Freizeit kam dabei den Arbeitern zugute, so dass sie sich in wachsender Zahl am organisierten Sport beteiligen konnten, sondern auch andere Gründe, darunter der Charakter der Arbeit selbst. Wheeler (1978, 59) schrieb:

> „Die Intensität und Sterilität der Arbeit bei kapitalistischer Produktionsweise hat die Befriedigung durch Arbeit nach und nach auf ein Minimum reduziert. Um diese wachsende Entfremdung zu kompensieren, wuchs entsprechend das Gefühl nach physischer Verausgabung und psychischer Befriedigung außerhalb des Arbeitsplatzes. Für viele Arbeitskräfte bot sich der Sport an, diese Leere auszufüllen.“

Der Sport, folgt man Wheeler (1978, 60), gestattete den Arbeitern eine aufregende und reizvolle Fluchtmöglichkeit aus dem zumeist rauen Alltag, indem er auch Zugang zu einem Entspannungsfeld war. Weit entfernt von der Monotonie der Industriearbeit und der tristen Realität des städtischen Lebens, stiftete er ein Gemeinschaftsgefühl unter den Arbeitern und konnte so „als Opium wirken“ (Wheeler 1978, 60).

Die Führung der SPD stand manchen Kulturorganisationen, speziell auch den Arbeitersportlern, eher kritisch gegenüber. In ihnen sah die Partei zunächst einen lästigen Konkurrenten, der die Arbeiter von ihren eigentlichen Aufgaben in der Partei und Gewerkschaft ablenken würde. Erst im Jahr 1908 forderte die SPD auf ihrem Nürnberger Parteitag ihre Parteimitglieder auf, eine Mitgliedschaft in der DT zu kündigen und dem ATB beizutreten (vgl. Timmermann 1973, 17; vgl. Wunderer 1980, 32). Die Arbeitersportvereine verstanden sich dagegen von Anfang an als Vorfeldorganisationen der SPD. Durch eine umfangreiche Jugendarbeit sollten bereits jugendliche Arbeiter mit parteipolitischen und gewerkschaftlichen Problemen vertraut gemacht werden und für den Eintritt in die entsprechenden Organisationen gewonnen werden (vgl. Timmermann 1973, 18). In ihrer Bildungsarbeit beschränkten sich die ATB-Vereine vornehmlich darauf, die bürgerlichen Vereine zu kopieren, so Ueberhorst (1973). Er wies anhand der ersten Jahrgänge der Arbeiter-Turn-Zeitung nach, dass sich das Agitationsmaterial im Wesentlichen an dem aus der Klassik stammenden humanistischen Wertsystem orientierte. Für das Turnen hieß das: die Verwirklichung des griechischen Schönheitsideals als Bestandteil einer neuen Körperkultur (vgl. Ueberhorst 1973, 45).

Der Arbeitersport entwickelte sich also widersprüchlich: Auf der einen Seite stellten die Arbeitersportvereine durchaus Institutionen zur Vermittlung politischer und beruflicher Bildung dar – auf der anderen Seite förderten sie mit ihrer Bildungsarbeit, die ganz darauf ausgerichtet war, Arbeiter an der herrschenden Kultur teilhaben zu lassen, die Integration des Proletariats in die bürgerliche Gesellschaft (vgl. Wunderer 1980, 37).

Politisch befand sich der Arbeitersport in Deutschland bis zum Ersten Weltkrieg in einer Art Dauerstress. Eine ATSB-Publikation aus den 1920er Jahren fasst diese Zeit zusammen: „Die Wut der Gegner war groß. Es regnete Polizei- und Gefängnisstrafen gegen die Arbeiterturnvereine. Aber es half nichts. Die Bewegung wurde stärker und mächtiger.“[5] Vor allem zwei Verfolgungswellen sah sich der organisierte Arbeitersport, sprich der ATB, ausgesetzt.

Zum einen versuchten in den Jahren 1894 bis 1895/96 besonders sächsische Behörden, sämtliche ATB-Vereine für politisch zu erklären und somit de facto zu liquidieren. Denn eine Politischerklärung hätte die sofortige Auflösung der Vereine bedeutet oder sie dazu verpflichtet, Listen der Vereinsmitglieder und ihre Statuten bei den Behörden einzureichen. Nicht selten kostete dies den in den Listen verzeichneten Arbeitern den Arbeitsplatz, da die Namen der Mitglieder an die ortsansässigen Unternehmer weitergeleitet wurden (vgl. Timmermann 1973, 21; vgl. Ueberhorst 1973, 29).

Zum anderen militarisierte sich das System zunehmend und den Leibesübungen kam immer mehr die Aufgabe zu, im vormilitärischen Sinne zu erziehen. Dies hatte, ab 1906, eine regelrechte Verfolgung der Arbeitersportvereine zur Folge,

---

[5] Arbeiter-Turn und Sportbund (ca. 1925). Warum bist du Mitglied des Arbeiter-Turn- und Sportbundes, Agitationsmaterial Nr.2, 8.

die in der Politischerklärung des gesamten ATB im Juni 1913 mündete. Jugendliche unter 18 Jahren durften fortan am Übungsbetrieb des ATB nicht mehr teilnehmen (vgl. Ueberhorst 1973, 30). Der Einfluss auf die wichtigste Sozialisationsphase jugendlicher Arbeiter zwischen der Schulentlassung und der Einberufung zum Militärdienst sollte damit den Arbeitersportvereinen gänzlich entzogen werden. Die Vereine des ATB strichen daraufhin sämtliche Jungendliche unter 18 Jahren aus ihren Mitgliederregistern, ließen sie jedoch insgeheim als Gäste an den Turnabenden oder an als ‚gesellig' deklarierten Veranstaltungen teilnehmen (vgl. Timmermann 1973, 34).

Mit der Revolution der Arbeiterklasse 1918/1919 wurde die repressive Gesetzgebung des Kaiserreichs gegenüber der Arbeiterschaft beendet. Zwar stockten die revolutionären Aktionen in einer bürgerlich-republikanischen Demokratie, jedoch garantierte die Weimarer Verfassung die fundamentalen Rechte der Versammlungs- und der Vereinigungsfreiheit. Die Zentralkommission für Arbeitersport und Körperpflege (ZK) wurde als gleichberechtigte Organisation neben dem bürgerlichen Deutschen Reichsausschuss für Leibesübungen (DRA) anerkannt (vgl. Timmermann 1973, 55). Innerhalb der ZK, die sich im November 1912 als Dachverband gründete, war der ATB der mitgliederstärkste Verband (vgl. Schulze-Marmeling 1992, 92).

Fortan befanden sich die Arbeitersportverbände also in ständiger Konkurrenz mit den entsprechenden bürgerlichen Verbänden. Dieses Spannungsverhältnis wird später in den Auseinandersetzungen der ATSB-Fußballsparte mit seinem bürgerlichen Pendant, dem Deutschen Fußball Bund, näher betrachtet werden.

II.2 ‚Mach Dich frei!' – Der ideologische Überbau

Der erste Satz aus Helmut Wagners „Sport und Arbeitersport" (1931), mit dem der Autor das Kapitel über den Arbeitersport beginnt, erklärt direkt eine wesentliche Grundannahme der Arbeitersportbewegung, deren Bedeutung das Selbstverständnis des Arbeitersports entscheidend prägte. „Als gesellschaftliche Erscheinung ist der Sport immer politisch" schreibt Wagner (1931, 157) dort. Seine Schrift gilt, neben denen von Paul Franken (1930) und Fritz Wildung (1929), als der wichtigste zeitgenössische Beitrag zur Theoriebildung der Arbeitersportbewegung (vgl. Dierker 1983, 44). Daher stützen sich die nachfolgenden Bemerkungen über das Selbstverständnis, die historisch-philosophische Tradition sowie die Ziele, Aufgaben und Funktionen des Arbeitersports im Wesentlichen auf eben dieses Material.

Danach entsprang das Selbstverständnis des Arbeitersports aus der bewussten Abgrenzung zu den ‚bürgerlichen' Vereinen, die ihrerseits den Sport als unpolitisch darstellten. Der Sport als solcher wäre politisch neutral und stünde über den Klassen, hieß es in den ‚bürgerlichen' Vereinen und Verbänden. Eine Auffassung, die nicht zuletzt auch der Deutsche Fußball Bund für sich reklamierte (vgl. Kapitel IV.2). Doch etwas als unpolitisch zu erklären, sei selbst bereits eine politische Stellungnahme, lautete hingegen die Auffassung des Arbeitersports. Denn: „Wer sich (...) in dieser Gesellschaft für ‚neutral' erklärt, nimmt schon deswegen für die bestehende Gesellschaft und deren herrschende Klasse Stellung, weil er keine Stellung nimmt für die proletarische Klasse und ihren Kampf" (Wagner 1931, 157). Die Arbeitersportler waren davon überzeugt, das Kalkül des ‚bürgerlichen' Sports bestünde vornehmlich darin, die organisierten Arbeiter am Klassenkampf zu hindern. Mit der Erklärung des Sports für unpolitisch würde ein großes Interessengebiet der Arbeiter, nämlich der Sport, aus der „Sphäre des politischen Kampfes zwischen Kapital und Arbeit herausgelöst“ (Wagner 1931, 157), was wiederum eine Schwächung der gesamten Bewegung zur Folge hätte. Demnach müsse die Neutralitätsaussage auch als politische Stellungnahme gelten.

Auch die „neuen Formen des Sports“ (vgl. Franken 1930, 56), also die Art und Weise der Gestaltung des Sports, die dem Wesen der Arbeiterklasse entsprechen sollten, wurden in Abgrenzung zum bürgerlichen Sport bestimmt: Während der bürgerliche Sport ein Sport für die Massen (Zuschauersport) war, mit Spitzenleistungen einzelner Bewegungstalente, Sensation und Geschäft – sollte der Arbeitersport einen Sport der Massen mit steigender Breitenleistung darstellen. Erst aus diesem Massensport würde sich dann der Leistungssport im Arbeitersport entwickeln (vgl. Franken 1930, 56). Dabei sollte die „natürliche Entwicklung des menschlichen Organismus in gesunde Bahnen gelenkt werden“ (Freie Sportwoche 1928, Nr. 34, 564; vgl. Franken 1930, 56), dadurch eine biologische Stärkung der Arbeiter erreicht werden und gleichzeitig deren Selbstbewusstsein aus „Freude am Körper und seinen Leistungen“ wecken (vgl. Wagner 1931, 162). Schließlich sollten der Sport und die Leibesübungen für den Kampf um bessere Lebensbedingungen stählen und als „Mittel der Klassenhochzüchtung“ dienen (Wildung 1929, 5; vgl. Franken 1930, 54). Mehr noch als das, sollte der Sport als „Instrument der Befreiung“ (Franken 1930, 28) helfen, einen neuen, sozialistischen Menschen zu schaffen. Denn die Loslösung vom Kapitalismus sei nur dann möglich, wenn sich die Arbeiter zuvor selbst geistig und innerlich frei gemacht und somit eine Wandlung zum „neuen Menschen“ zuerst selbst vollführt hätten (vgl. Franken 1930, 28). Erst wenn sämtliche Mitglieder diesen Gedanken erfasst hätten, könnten die Arbeitersportvereine „wirkliche Werkstätten der Menschenliebe“ sein, die dann – als „Träger einer neuen Welt“ – den Sozialismus brächten (vgl. ATSB-Agitationsmaterial ca. 1928, Nr.2, 11). Ausdruck dieses Bestrebens war u.a. der allgemeine Gruß der Arbeitersportler. „Frei heil!“ riefen sich die Arbeitersportler zur Begrüßung zu, so auch die Arbeiterfußballer – stets kurz vor Anpfiff des Spiels.

Als eine notwendige Voraussetzung wurde die ganzheitliche sportliche Erziehung proklamiert, die einen möglichst vielseitigen Arbeitersportler hervorzubringen hatte. Besonders in der Jugendarbeit war dieses Vielseitigkeitskonzept fest in den Vereinen zu verankern. Denn ein stetiger Wechsel der Sportübungen diene auch den Zwecken der proletarischen Erziehung, weil er eine Verminderung der Spezialisierung bedeute (vgl. Zobel 1924, 32).

Anleihen in der Theoriebildung machten alle drei oben genannten Autoren in der griechischen Antike. Obwohl die Griechen selbst auf der Grundlage ihres Gesellschaftssystems das Ideal der Harmonie zwischen Körper und Geist aus der Sicht der Autoren nicht erreichen konnten, blieb es doch ein mit gewissem Pathos erfülltes Leitbild (vgl. Dierker 1983, 45). Die gemeinsame Idee war, dass der Arbeitersport ein harmonisches Körperideal auf der Grundlage des erwachten Körperbewusstseins verfolgen musste. Denn die Hinwendung der Arbeiter zum Sport sei ein entscheidendes Entwicklungskriterium der Menschheitsgeschichte überhaupt (vgl. Dierker 1983, 45). Franken (1930, 53) schreibt, es sei gar ein „Wendepunkt in der Menschheitskultur“ überhaupt. Jeder Autor bezieht sich in seiner Darstellung auf den lateinischen Ausspruch „mens sana in corpore sano“. Allerdings verstanden sie diesen Satz nicht als Wunsch oder Idealvorstellung, sondern als gegebene Tatsache. Daher galt: „Sport darf nicht Selbstzweck, sondern muß Mittel zum Zweck sein“ (Franken 1930, 52).

Es resultierte daraus ein Verständnis vom Wettkampfsport, das darauf verzichtete, sportliche Bestleistungen im Sinne von Höhen, Weiten und Zeiten abzugleichen, sondern vielmehr den Wettkampf als Möglichkeit verstand, individuelle Sporttechniken zu verbessern, um somit eine persönliche Leistungssteigerung zu bewirken. Denn wenn man den Menschen in den Mittelpunkt des Sports stellt, ist ein Vergleich von Leistungsrekorden nicht sportgerecht (vgl. Wagner 1931, 172). Das Heischen nach Rekorden wurde als typisch bürgerlich abgetan. Wildung (1929, 4) fragt daher: „Dieses Kämpfen und Ringen um den Erfolg, um den Sieg, dieses Hochschrauben der Leistung bis zum Rekord, ist das nicht ein getreues Spiegelbild des Kapitalismus unserer Tage mit seinem brutalen Gebrauch des Ellbogen?“ Wie damit umzugehen war, interpretierten die Autoren unterschiedlich. Wagner (1931, 173) formulierte die Einschränkung des sportlichen Wettkampfes sogar als die wesentliche Erziehungsaufgabe der Arbeitersportbewegung. Die Freude am Sport sollte sich schließlich nicht aus der Konkurrenzsituation eines Wettkampfes speisen, sondern einzig aus der Freude an der eigenen Kraft (vgl. Wagner 1931, 173). Wohingegen Wildung (1929, 5) glaubte, im „Rekordsport“ selbst wuchere bereits der Keim seiner Zerstörung: „Es liegt im Wesen des Rekords, daß er sich sozusagen selbst erledigt. Schon jetzt sind die Höchstleistungen in den meisten sportlichen Disziplinen kaum noch zu überbieten.“ Daher vermutete er außerdem, dass schon bald diese Art des Sports aufhören könnte, die „Massen in Ekstase zu versetzen“ (Wildung 1929, 6). Die permanent steigenden Ansprüche der Zuschauermassen nach schnelleren Läufen, weiteren Sprüngen und höherem Tempo würden den Sport selbst verschlingen. Sobald die vom Publikum eingeforderten Leistungen nicht mehr erbracht werden könnten, blieben die Zuschauer den Veranstaltungen fern und der ‚Rekordsport‘ höre auf zu existieren, lautete die Annahme.

Daher müsse der Wettkampf sozial gestaltet werden. Zobel (1924, 31) forderte: „Wir müssen diesen Kampf seines individualistischen Charakters entkleiden, er muß nicht gegen Menschen, sondern gegen Dinge gerichtet sein. Besonders beim Fußball besteht die Gefahr des Kampfes Mann gegen Mann, und gerade hier muß versucht werden, einen Unterschied herbeizuführen zwischen unserem Kampf und dem der

Bürgerlichen". Konkrete Ideen für diese ‚Entkleidung' des Fußballs brachte Zobel nicht hervor, jedoch wird besonders bei ihm die ablehnende Haltung des Arbeitersports gegenüber einem personalisierten sportlichen Wettkampf deutlich. Weder im körperlichen Kräftemessen, sprich im Duell ‚Mann gegen Mann', noch im direkten Vergleich um Punkte oder Tore könne der Sport überleben (vgl. Zobel 1931, 32).

Dabei wurden die Arbeitersportler auch für die Bewegung in die Verantwortung genommen. Der Fußball-Stürmer (1932, Nr. 41, 643) überschrieb im November 1932 einen Artikel: „Nur Sportler sein genügt nicht". Er betont zwar zuvor, dass der Arbeitersport in erster Linie der Gesundheit diene, mit dem weiteren Ziel, die Arbeitersportler zu Sozialisten zu erziehen, doch bringt er vor allem zum Ausdruck, was es bedeutet, Arbeitersportler zu sein: nämlich eben auch Pflichten im Bund zu haben. Ein ATSB-Agitationsschreiben, das der Bund als Rundschreiben an die Sparten versandte, forderte von seinem Mitgliedern: „Bilde dir nun nicht ein, du darfst bloß verlangen, der immer Nehmende sein. Du bist Mitglied bei uns geworden, das heißt, du hast Rechte und Pflichten gleichzeitig zu erfüllen" (ATSB-Agitationsmaterial ca. 1928, Nr.2, 8). Der Bund forderte von seinen Mitgliedern also mehr ein als die ausschließliche Ausübung des Sports. Diese Haltung entspricht der bereits erwähnten Grundposition des Arbeitersports, wonach der Sport stets politisch zu sein habe (vgl. Wagner 1931, 157).

Aber was sollte zu diesen besonderen Pflichten eines jeden Arbeitersportlers zählen? Wieder geben die Rundschreiben des ATSB nähere Auskunft. Darin steht: „Unsere Stellungnahme (...) ist klar vorgezeichnet. Ein Arbeitersportler darf keinem bürgerlichen Verein angehören. Jeder ernsthafte Arbeitersportler ist freigewerkschaftlich und parteipolitisch organisiert." Die Vorgaben deckten sich einmal mehr mit dem Selbstverständnis als politische Organisation. Weiter hieß es in der für diese Blätter üblichen direkten Anrede: „Du mußt als Arbeitersportler nur die Arbeiterpresse lesen; sie versorgt dich dauernd mit dem nötigen dir dienlichen Wissen. Das sind Pflichtforderungen, die erfüllt werden müssen" (ATSB-Agitationsmaterial ca. 1928, Nr.2, 9). Darüber hinaus wurde jeglicher Sportfanatismus abgelehnt und daran erinnert, dass der Arbeitersport nur Mittel zum Zweck sei, um die Arbeiterklasse in der Gesamtheit zu stärken (vgl. ATSB-Agitationsmaterial ca. 1928, Nr.2, 9).

Es wird also deutlich, in welcher Weise der Bund seinen Mitgliedern ein theoriegeleitetes, politisches Korsett schnürte. Wenn es auch schwierig war, sich davon loszulösen, so gab es den Arbeitersportlern immerhin Halt. Denn die Arbeitersportbewegung verstand sich als solidarisches Kollektiv, in dem füreinander kameradschaftlich eingestanden wurde (vgl. Franken 1930, 28). Als praktisches Beispiel können dafür die Unfallkassen des ATSB genannt werden. Sie boten den Vereinen und Mitglieder versicherungsrechtlichen Schutz. Über 63.000 Arbeitersportler haben bis 1932 diese willkommene Beihilfe in Anspruch nehmen können (vgl. Fußball-Stürmer 1932, Nr. 45, 708). Oder auch die Leipziger Bundesschule: Von 1926 bis 1932 nahmen dort an 335 Lehrgängen rund 8100 Bundesmitglieder aus 5655 Vereinen teil. Die Kosten dafür übernahm zum großen Teil der Bund (vgl. Fußball-Stürmer 1932, Nr. 45, 708). Ihren gesamtheitlichen Erziehungsauftrag, ganz im Sinne der Einheit von Körper und Geist, erfüllte der Bund auch mit dem Ausbau und Einrichten von ATSB-Bibliotheken über die Carl Schreck, Mitglied des Reichstags, auf dem Magdeburger SPD-Parteitag im Mai 1929 sagte, dass sie „bis zum letzten Gebirgsdorf eingerichtet worden sind" und daher sei bewiesen, dass es sich bei der „Arbeitersportbewegung nicht lediglich um Fußball oder Boxkampf handelt, sondern um einen Teil der Mobilisierung der sozialistischen Kräfte" (Schreck 1929, 9)[6].

---

6 Zitiert nach Arbeiter- Turn- und Sportbund (Hrsg.). Arbeitersport und Sozialdemokratie, Schriftensammlung Heft 15, Vortrag gehalten am 31.

Tatsächlich reichte der ATSB an seine Vereine und Sparten die Forderungen weiter, die von der Arbeiterbewegung insgesamt an sie gestellt wurden, nämlich neben Partei und Gewerkschaft eine „dritte Front" (Franken 1930, 22) in der Bewegung zu errichten. Daher verstand sich der ATSB von Anfang an als eine Kampforganisation, was vor allem bedeutete, immer wieder gegen die bürgerlichen Klassenfeinde zu agieren, ihre Inhalte kritisch anzugreifen und sie durch eigene Ansätze aufzuheben (vgl. ATSB-Agitationsmaterial ca. 1928, Nr. 2, 10). Damit würde der Bund seinen Teil dazu beitragen, die Gesellschaft selbst zu überwinden und an ihre Stelle eine neue, klassenlose Gesellschaft zu setzen. Denn im revolutionären Ernstfall, beschloss Schreck seine Rede auf dem bereits erwähnten Parteitag, „hängt es von der Solidarität zwischen Partei und Arbeitersportlern ab, wie dicht die Hagelschläge der Arbeitersportlerfäuste herabsausen werden (...)" (Schreck 1929, 28).

Mai 1929 auf dem sozialdemokratischen Parteitag in Magdeburg von Carl Schreck, M.d.R., 9.

III Fußball in der Arbeiter-, Turn- und Sportbewegung

III.1 Die Entwicklung des Spiels in Deutschland

Spiele, bei denen ein Ball mit dem Fuß getreten wurde, pflegte man in vielen Epochen und bei zahlreichen Völkern. Heute ist Fußball ein globales Spiel.[7] Wie aber vollzog sich diese Entwicklung in Deutschland?

III.1.1 „Fußlümmelei" – Die Anfänge des Fußballsports in Deutschland

Sport zu treiben, war im Deutschen Kaiserreich im Grunde identisch mit Turnen, und Turnen wiederum war eine höchst nationale Angelegenheit (vgl. Schulze-Marmeling 1992, 64). Daher galt die Ausübung von ‚english sports' als eine völlig neue Form der Körperkultur (vgl. Eggers 2001, 15). Die Turnerschaft betrachtete das Fußballspiel als ‚undeutsch', importierte Modetorheit aus England, deren Ausbreitung zu begegnen sei. Stellvertretend für die Ablehnung, die der Fußball erfuhr, steht die Kampfschrift des Turnführers Karl Planck. Unter dem Titel „Fußlümmelei – Über Stauchballspiel und englische Krankheit" ist dort zu lesen:

> „Was bedeutet aber der Fußtritt in aller Welt? Doch wohl, daß der Gegenstand, die Person nicht wert sei, daß man auch nur die Hand um ihretwillen rührte. Er ist ein Zeichen der Wegwerfung, der Geringschätzung, der Verachtung, des Ekels, der Abscheu. Zunächst ist jene Bewegung ja schon, auf die bloße Form hin angesehen, häßlich. Das Einsinken des Standbeins ins Knie, die Wölbung des Schnitzbuckels, das tierische Vorstrecken des Kinns erniedrigt den Menschen zum Affen" (Planck 1898, 26f.).

7 Die Entwicklung des Fußballs zum weltweiten Massenphänomen beschreibt u.a. Eisenberg (2004).

Genau in dieser Zeit der Widerstände gründeten sich die ersten Vereine (Deutscher Fußballverein zu Hannover von 1878) und Verbände (Deutscher Ruderverband, 1883) nach englischem Muster. Trotz aller Umstände, welche die Einführung des Fußballs in Deutschland begleiteten, zählte Deutschland zu den ersten Ländern in Europa, in denen er gespielt wurde.

Einen Anteil daran besaßen einzelne ‚Fußball-Pioniere', wie der Braunschweiger Turnlehrer Konrad Koch, die den Fußball in den Schulen installierten. So gelten die höheren Schulen und Gymnasien als hauptsächliche Keimzellen des deutschen Fußballs, wobei sowohl ein gefördertes sowie ein ‚wildes' Spielen unter der Schülerschaft existierte (vgl. Schulze-Marmeling 1992, 68ff.). Noch bis in die 1890er Jahre blieb der Fußball jedoch ein nahezu reines Schulspiel.

Allgemeine gesellschaftliche Anerkennung erreichte deshalb das Spiel erst in den Jahren vor dem Ausbruch des ersten Weltkrieges, als sich führende Vertreter verschiedener deutscher Dynastien – wie der Bruder von Kaiser Wilhelm II., Prinz Heinrich von Preußen, öffentlich zu dem Spiel bekannten (vgl. Schulze-Marmeling 1992, 72). Häufig konnten Fußballspiele auf sogenannten Exerzierplätzen stattfinden. Insofern profitierte der Fußball auch praktisch vom preußischen Militarismus. Fortan wurde der deutsche Sport im Allgemeinen nun auch staatlich gefördert, was die zunehmende Popularisierung begünstigte (vgl. Eggers 2001, 19).

Am 28. Januar 1900 wurde im Leipziger Mariengarten schließlich in Anwesenheit von 36 Vertretern, die 86 Vereine repräsentierten, die Gründung des Deutschen Fußball Bundes (DFB) vollzogen. Fußball entfernte sich damit – zumindest formal – etwas von den anderen ‚english sports' wie Cricket, Croquet und Tennis. Gesellschaftlich behielt das Spiel hingegen seinen sozialen Charakter als Elitesport (vgl. Eisenberg 2004, 10; vgl. Schulze-Marmeling 1992, 74).

III.1.2 Der Erste Weltkrieg als ‚Werbeveranstaltung'

Binnen weniger Jahre gelang dem Fußball nun der Sprung von einer Randdisziplin für Verschworene und Eingeweihte zu einem Zuschauersport und Volksvergnügen. Für das explosionsartige Wachstum der Fußballaktiven, gerade in den ersten Nachkriegsjahren, werden von den Sporthistorikern verschiedene Gründe angeführt (vgl. Eisenberg 1993, 149; vgl. Eisenberg 1997, 103ff.; vgl. Eggers 2001, 65ff.; vgl. Pyta 2004, 15ff.).

Bereits seit 1910 war Fußball über einen Militär-Turnerlass im Ausbildungsplan der kaiserlichen Armee eingebunden. Dadurch wurde Fußball ein schichtübergreifender Volkssport. Viele Kompanien spielten als Ablenkung vom Krieg Fußball. Wettspiele wurden gern gesehen, denn sie stärkten die Physis der Soldaten, hoben die Truppenmoral und stabilisierten damit die Kampfeinheit. Zudem besaß das Spiel eine wichtige Erholungs-, Sozial-, Ausgleichs- und Ventilfunktion und wurde deshalb über die Bataillons-, Divisions- und Armeemeisterschaften bewusst gefördert (vgl. Luh 2006, 9; vgl. Eggers 2001, 26). Noch heute finden sich militärische Rudimente in der Fußballsprache, wenn von ‚Flanken schlagen', ‚Abwehr durchbrechen' oder ‚Verteidigungsriegel' die Rede ist. Zurück in der Heimat, und gefangen von der dortigen wirtschaftlichen Verunsicherung und den politischen Wirren nach 1918, wollten Hunderttausende junger, sportfreudiger Kriegsheimkehrer aller gesellschaftlicher Schichten ihre neue Sportart weiterführen. Sie waren nun sportlich sozialisiert, was bedeutete, dass ihr während des Krieges angeeignetes Sportverständnis fortan nicht mehr so einfach abgelegt werden konnte (vgl. Eisenberg 2004, 10). Zudem erhöhte sich der Anteil der Jugendlichen in den Fußballvereinen während der Kriegsjahre überproportional, bezogen auf den Anteil der entsprechenden Altersgruppe an der Bevölkerung insgesamt (vgl. Eisenberg 1993, 155). Für den sportlichen Nachwuchs aus allen sozialen Schichten war Fußball attraktiver als das Turnen geworden.

Aus diesen genannten Gründen bezeichnet Eisenberg (2004, 10) den ersten Weltkrieg auch als „‚Werbeveranstaltung‘ für den Fußball“. Besonders in den „kulturellen Laboratorien der Großstädte“ (Pyta 2004, 15), wo sich bereits vor 1914 eine Massen- und Freizeitkultur etabliert hatte fiel dann der Fußball, als ‚Mitbringsel‘ der heimkehrenden Soldaten auf fruchtbaren Boden. Die Spieler drängten massenhaft in die Klubs, Vereine und auch auf die Zuschauerränge der Fußballplätze. Die große Spieleranzahl überschritt zwar die damaligen Kapazitäten bei weitem, bewirkte allerdings, dass die Wettkämpfe ihren elitären Charakter aus der Zeit vor 1914 verloren. So hatte sich die Mitgliederanzahl sämtlicher aktiver Fußballer in einem dem DFB angehörigen Verein bis 1920 beinahe verdreifacht (468.000) verglichen zum Jahr 1913 (161.000), und dass trotz der hohen Gefallenenzahlen. Acht Jahre später, 1921, hatte sich die Mitgliederzahl fast verfünffacht (780.500).[8] Am Aufschwung beteiligt war auch die Einführung des Acht-Stunden-Tages in Folge der Novemberrevolution. Die neue Arbeitszeitregelung ermöglichte nun auch weiten Teilen der Arbeiterschaft eine regelmäßige Ausübung des Fußballsports sowohl am Ende des Arbeitstages als auch am Wochenende (vgl. Luh 2006, 9).

Vor allem aber über die bisher nicht gekannten hohen Zuschauerzahlen und die Popularisierung durch die Medien drückte sich der Massencharakter des Fußballs aus. Woche für Woche strömten Zehntausende deutschlandweit in die Stadien. Keine andere Sportart war in der Lage, solch große Zuschauerströme regelmäßig zu aktivieren. Wichtige Spiele, zu denen vor dem Ersten Weltkrieg in der Regel nur einige hundert oder tausend Zuschauer gekommen waren, mobilisierten nun Zehntausende. Endspiele um die Deutsche Meisterschaft wurden von durchschnittlich rund 50.000 Menschen

---

8 Die Zahlen wurden zitiert nach Eisenberg (1997, 104).

besucht und die Zeitungen waren Motor und Reflex dieser Entwicklung (vgl. Eisenberg 1993, 148).

Dazu entstanden in vergleichsweise kurzer Zeit weit über einhundert häufig vereinseigene, kommunale, aber auch mit industrieller Unterstützung erbaute Stadien mit Kapazitäten von 10.000 bis 60.000 Zuschauern, darunter das Müngersdorfer Stadion in Köln, das Wedau Stadion in Duisburg, die Kampfbahn Rote Erde in Dortmund oder das Bremer Weserstadion (vgl. Luh 2006, 12). Allein bis 1925 wurden 850 öffentliche und 400 vereinseigene kleinere und größere Sportstadien fertig gestellt (vgl. Heimsoth 2000, 136).

III.2 Die Durchsetzung des Spiels im ATB/ATSB

III.2.1 Vor dem Ersten Weltkrieg

Im organisierten Arbeitersport setzte sich der Fußball nur langsam durch. Für die zögerliche Einführung des Spiels mitverantwortlich war auch die turnerische Tradition des ATB, schließlich wurde dieser im Jahre 1893 vorwiegend von Turnern gegründet. Seitdem verstand sich der ATB vornehmlich als Gegenorganisation zur Deutschen Turnerschaft. Preis- und Wettturnen war seit 1901 per Bundesturntagsbeschluss verboten und der „Turnbetrieb in sportsähnlicher Weise“ (Frey 1907, z.n. Mertins/Stegmann 1983, 40) als einseitige Betätigung und gesundheitsschädigend abgeurteilt. Der Beschluss war eine deutliche Absage an sämtliche Sportspiele mit ihrem Wettkampfcharakter. Dennoch wurde die sogenannte ‚Wettkampffrage‘ innerhalb des Verbandes weiterhin diskutiert, was die Vielzahl von Artikeln zu diesem Thema in der Arbeiter-Turn-Zeitung deutlich macht (vgl. Filter 1988, 57). Vier Jahre später auf dem Berliner Bundesturntag 1905 konnte ein Beschluss gefasst werden, der immerhin die Sportspiele durch den Bund nicht mehr ausdrücklich verbot.[9] Dieser Beschluss deutet bereits hin auf eine Verschiebung der Kräfteverhältnisse zwischen Wettkampfbefürwortern und -gegnern im ATB. Der Kölner Bundesturntag 1909 kam zwar darin überein, Turnspiele wie Schleuder-, Schlag- und Faustball im Bund mehr zu unterstützen, sparte jedoch Fußball bewusst von der Förderung aus (vgl. Mertins/Stegmann 1983, 41). Noch immer wurde Fußball als gesundheitsschädigend betrachtet und die einseitige körperliche Ausbildung der sogenannten ‚Nur-Fußballer' beklagt (vgl. Mertins/Stegmann 1983, 43).

Die Wende in der Auseinandersetzung um die Aufnahme des Fußballs in den ATB setzte 1911 ein. Den Anstoß dazu gaben jugendliche Arbeiter. Besonders für sie war gerade Fußball weitaus attraktiver als das Turnen. Doch unter dem Dach des ATB besaßen sie nicht die Möglichkeit, den von ihnen so geschätzten Sport auszuüben. Daher traten viele Jugendliche, die bereits als Jungturner in einem Arbeiterverein aktiv waren, zusätzlich einem Verein des bereits seit 1900 existierenden bürgerlichen DFB bei (vgl. Hauck 1987, 162); sie gingen also der Arbeiterorganisation verloren. Dieser Verlust stimmte auch weite Teile der älteren Turnerschaft nachdenklich und löste ein Umdenken aus. So forderte die Arbeiter-Turn-Zeitung: „Wir dürfen uns eben nicht der Tatsache verschließen, daß die Jugend vor allem für das Fußballspielen schwärmt. Wir können uns dem nicht entgegenstemmen, sondern müssen, in unserem Interesse und dem der Arbeiterschaft im allgemeinen, das Spiel einführen" (ATZ 1911)[10]. Der Bundesturnwart setzte dies in die programmatische For-

9 Der Bundesturntag verzichtete gänzlich darauf, die ‚Wettkampffrage' in sein Protokoll aufzunehmen. Vgl. Protokoll des 7. Bundesturntages 1905 vom 11.-13. Juni 1905 in Berlin, Leipzig, 10.

10 Sämtliche Zitate aus der Arbeiter-Turn-Zeitung in diesem Kapitel sind entnommen: Mertins, Bernd & Stegmann, Jürgen (1983). Der Arbeitersport unter Einfluß der Spielbewegung in Deutschland mit einem Ausschnitt der Entwicklung im Bremer Raum. Bremen. Im Folgenden wird wegen der besseren Lesbarkeit darauf verzichtet, dies anzugeben.

derung um: „Der Konkurrenz der Spielklubs können wir nur dann erfolgreich entgegentreten, wenn die Kampfspiele bezirksweise organisiert, Serienspiele ausgeschrieben und Meisterschaften ausgetragen werden“ (ATZ 1912).

Zuvor wurde gar ein Fußballverbot für Jugendliche diskutiert. Doch entschloss sich der ATB letztlich dazu, den Fußball im Bund zu integrieren und ihn sogar als Schulsport zu empfehlen. So schreibt die Sportschule des ATSB (ca. 1920) in ihren Merkblättern: „Es ist ausgeschlossen, daß ein Verbot des Spieles für Schüler irgendeinen Erfolg mit sich bringt. Gerade das Verbot wird zur Übertretung reizen. Mit dem geheimen, meist unvorschriftsmäßigen und ungezügeltem Spiel entfällt der Schule jedwede Beeinflußung der spielenden Jugend.“[11]

Des Weiteren beflügelte folgende Entwicklung die Fußball-Befürworter innerhalb des ATB: Im Jahr 1911 trat nämlich der DFB dem Jungdeutschlandbund bei. Dieses offene Eintreten für die militärischen und nationalistischen Bestrebungen des Jungdeutschlandbundes verstärkte die Notwendigkeit, den dort organisierten jugendlichen Arbeitern eine Möglichkeit anzubieten, sich ersatzweise in einer bewusst sozialistischen Organisation engagieren zu können (vgl. Luh 2006, 37). Ähnlich wie der nationalistische Schwenk der DT die Entstehung eines Arbeiter-Turnerbundes förderte (vgl. Kapitel IV.1), beschleunigte das Eintreten des DFB zum Jungdeutschlandbund die Aufnahme des Fußballs in den ATB. Allerdings ging der endgültigen Anerkennung des Fußballs im ATB noch ein Streit über die Art und Weise der Aufnahme voraus.

Die Turner machten den Fußballern Auflagen zur regelmäßigen Teilnahme am Turnbetrieb. Das alleinige Fußball-

---

11 Das Erscheinungsjahr ist der Schrift ist nicht genau bekannt; Arbeiter-Turn- und Sportschule. Merkblätter für Übungskurse (ca. 1920). Von welchem Alter an kann die Schuljugend ohne Schädigung der Gesundheit planmäßig Fußball spielen? Merkblätter für Übungskurse. Nr. 40.

spielen – diese Meinung herrschte unter etlichen Turnern – führe zur einseitigen körperlichen Ausbildung, was das Turnen als Ausgleich erforderlich mache (vgl. Luh 2006, 53). Eine Einführung des Fußballs in den Bund oder die Aufnahme eines reinen Fußballvereins in den Bund wurde mit dem Hinweis abgelehnt, dass „dasselbe nicht mit unseren Idealen, ein an Körper und Geist gesundes Menschengeschlecht zu erziehen, in Einklang zu bringen sei. Das Fußballspiel wirke (...) verrohend und demoralisierend auf den Geist und erzöge Egoisten (...)“ (ATZ 1913, Nr. 1, 2). Die jährlich veröffentlichten Unfallstatistiken des ATB schienen dieses Argument zu stützen. Unter den im ATB betriebenen Spielen war Fußball im ersten Halbjahr 1913 dasjenige mit der höchsten Unfallziffer. Von 202 Unfällen im Spielbetrieb entfielen 110 auf das Fußballspiel (ATZ 1913, Nr.20, 316). In einer Art Grundsatzreferat über Spiel, Sport und deren Organisation hatte Richard Koeppisch, der zuvor noch ein strikter Gegner des Fußballs gewesen war, auf dem Mannheimer Bundestag zu dieser Auseinandersetzung Stellung genommen. Er verwies auf die Problematik, die Unfallstatistik als Gradmesser für die Rohheit des Fußballs zu interpretieren, verwarf den Vorwurf der einseitigen körperlichen Beanspruchung und sprach sich aus für die Anerkennung des Spiels und des Sports als gleichberechtigter Faktor neben dem Turnen (vgl. Protokoll des 11. Bundestag, 76ff.). Seine Rede blieb scheinbar nicht ohne Erfolg. Denn ein Antrag, der solchen Vereinen die Aufnahme verweigern sollte, die lediglich eine Sportart pflegten, wie z.B. Fußball, wurde abgeändert. In der beschlossenen Fassung hieß es dann: „Das unverrückbare Ziel des Arbeiter-Turnbundes ist die allseitige körperliche und geistige Erziehung seiner Angehörigen. Die Beschränkung eines Vereins nur auf ein Spiel – Fußball, Schlagball, usw. – oder nur eine einzelne sportliche Betätigung – nur Gehen, nur Laufen usw. – ist einseitig und infolgedessen ungeeignet, den Körper zu erziehen (...)“ (Protokoll des 11. Bundestages, 85ff.). Also konnte ein Aufnahmeverbot für solche Vereine nicht ausgesprochen werden. Ob aber nun ein reiner Fußballverein in den Bund aufgenommen werden konnte oder nicht, blieb weiterhin abhängig von örtlichen Gegebenheiten. Denn die Vereine waren dazu aufgefordert, sich in bestehenden Bundesvereinen als Abteilungen einzugliedern – was häufig von den einzelnen Vereinen nicht gewollt war. So blieb die dominante Stellung des Turnens im ATB erhalten und die von Koppisch geforderte Einheit von Turnen, Spiel und Sport zunächst unerreicht.

Auch die Bildung eines Spielausschusses zur Organisation aller Spiele des ATB stimmte die Arbeiterfußballer nicht glücklich. Sie forderten gesonderte Verbände, getrennt von allen anderen Spielen, zur Regelung des Spielbetriebs in den Kreisen und Bezirken. Zudem verlangten sie eigenständige Posten für den Fußball in den Kreis- und Bezirksausschüssen (vgl. ATZ 1914, Nr. 9, 26). Die Turner befürchteten dadurch eine Zersplitterung des Bundes und lehnten daher eine Bildung besonderer Fußballbezirke sowie von besonderer Fußballabteilungen mit eigener Verwaltung ab (vgl. Filter 1988, 57).

Damit blieb der Spielbetrieb in der Zeit kurz vor dem Ersten Weltkrieg unterschiedlich stark und vor allem uneinheitlich geregelt.

III.2.2 Während des Krieges

Ein regelmäßiger Spielverkehr war unmöglich in den vier Jahren des Ersten Weltkriegs. Waren es 1913/14 noch 1.009 Mannschaften, die sich an den Spielen der Kreise und Bezirke beteiligten, trugen im vierten Kriegsjahr lediglich noch 199 Mannschaften Serienspiele im ATB aus (vgl. Filter 1988, 56). Zu Beginn des Jahres 1918 meldete der Bremer Bezirk in der ATZ: „Unsre ehemals ziemlich starke Bremer Fußballspielbewegung ist leider fast völlig eingeschlafen“.

Bereits unmittelbar nach dem Ausbruch des Krieges mussten viele Vereine ihren Betrieb einstellen. Die ATZ schrieb im September:

„Der Beginn der neuen Serie ist da, nur nicht die Mannschaften, um den altgewohnten Spielbetrieb wieder aufnehmen zu können. Die Reihen sind auch stark gelichtet, so daß eine würdevolle Vertretung des Vereins oder der Abteilung in Frage gestellt ist. Es muß auch im Fußballbetrieb provisorisch neuorganisiert werden, von der Aufgabe des Spielbetriebs kann keine Rede sein (...). Wir rechnen auch in den Fußballkreisen auf eine weitere Betätigung im Interesse der Gesamtorganisation, damit später der Neuaufbau in möglichst kurzer Zeit vollendet ist" (ATZ 1914, Nr. 33).

Weil vornehmlich junge Männer eingezogen wurden, gingen den Vereinen schlichtweg die Spieler aus. So konnte mitunter beim Ausfall einzelner Fußballer eine ganze Mannschaft nicht mehr am Spielbetrieb teilnehmen. Das kann durchaus auch als Hinweis dafür gelten, dass es bei den Fußballern vermehrt zum Wechsel einzelner Mitglieder oder ganzer Vereine zum bürgerlichen DFB kam, sobald der Spielbetrieb eingestellt werden musste. Zwei Bremer Vereine wechselten aus diesem Grund geschlossen zum DFB (vgl. Freie Sportwoche 1927, Nr. 9, 133). Darin zeigt sich bereits in den frühen Jahren des Fußballs im ATB die Tendenz zum ‚Nur-Sportlertum'. Die Fußballer waren mehrheitlich ausschließlich darauf fixiert, ihren Sport zu treiben. Die politischen Ziele des ATB spielten in dieser frühen Phase für sie eine eher untergeordnete Rolle. Darüber hinaus, als weiteres Indiz für das vorrangige Interesse der Fußballer am Spiel selbst, organisierten ATB-Vereine vielfach Freundschaftsspiele mit Mannschaften des DFB, was eigentlich durch Bundesbeschluss verboten war. Es kümmerte die Fußballer jedoch wenig (vgl. Freie Sportwoche 1927, Nr. 9, 133).

III.2.3 In der Weimarer Republik

Die Diskussion um die Organisation des Fußballs im ATB knüpfte nach dem Ersten Weltkrieg genau dort an, wo sie vor dem Ausbruch des Krieges zum Pausieren gezwungen worden war. Allerdings mit einer bedeutsam veränderten Diskussionsgrundlage: Durch die sprunghafte Entwicklung des Fußballs nach 1918[12] stieg die Zahl der Fußballer in ATB-Vereinen rapide an. Nun sah sich die Bundesführung dazu gezwungen, die Fußballer in ihrer Bitte um mehr organisatorische Freiheiten zu unterstützen. Keinesfalls sollten sie dem Einfluss des Bundes verlustig gehen, indem sie entweder einen eigenen Arbeiter-Fußball-Bund gründeten oder gar in die bürgerlichen Vereine abwandern würden. Auf dem 12. Bundesturntag in Leipzig wurden dazu vom damaligen Bundesturnwart Georg Benedix Leitsätze zur Neuregelung der Fußballspielorganisation aufgestellt, die vom Grundsatz ausgingen, dass dem Fußball im Rahmen des Gesamtbundes die gebotene Bewegungsfreiheit gewährt werden müsse (vgl. Protokoll des 12. Bundesturntages, 64ff.). In allen Bezirken und Kreisen mit fortgeschrittenem Fußballbetrieb sollten Bezirks- und Kreisfußballspielleiter gewählt werden, aus deren Reihen wiederum ein Kreisfußball- bzw. Bundesspielausschuss zu bilden sei. Beschlossen wurde die Gründung eines Bundesfußballausschusses, dem Bundesspielwart Richard Koppisch vorstand (vgl. Protokoll des 12. Bundesturntages, 64ff.).

Erstmalig gestand sich also die Bundesführung 1919 ein, dass Fußball – und damit die gesamte Sportspielbewegung – nicht nur als ein Teil des allgemeinen Turn- und Spielbetriebes des Bundes betrachtet werden kann. Diese veränderte Haltung spiegelte auch die Umbenennung des ATB in Arbeiter-Turn- und Sportbund (ATSB) wider, was die Gleichberechtigung und Selbstständigkeit der Sportspiele auch im Namen des Bundes ausdrückte.

Die Auseinandersetzungen zwischen Turnern und Fußballspielern waren dadurch allerdings nicht ausgeräumt. Immer wieder kam es zu Reibereien, die sich vor allem um die Frage nach einer getrennten Kassenführung drehten. „In den Kreisen und Bezirken“, schrieb die Freie Sportwoche (1921,

12 1918 sollen 77 Mannschaften bestanden haben, während der Serienspielbetrieb 1919 mit 1593 Mannschaften begann; vgl. Freie Sportwoche 1921, Nr. 9.

Nr. 7, 49), würde den Fußballern „noch manches Hindernis in den Weg gelegt werden." Und fügte hinzu: „Es gibt noch sehr viele Turngenossen in den Leitungen, die noch nicht begriffen haben, daß wir auch sportlich mit der Zeit vorwärts schreiten müssen, und deshalb der alte bureaukratische Zopf abgeschnitten werden muß. Es fehlt an dem nötigen Offensivgeist, deshalb auch die Stagnation in diesen Bezirken" (Freie Sportwoche 1921, Nr. 7, 49). Wiederum zeigte der Bundesvorstand gegenüber der Fußballbewegung eine fortschrittliche Haltung und nahm sich seiner Forderungen an. Keinesfalls sollte es zu einer Trennung des Arbeitersports in Turn- und Sportverbänden kommen. Auf dem 13. Bundestag 1921 in München wurde daher Fußball als eigenständige Sparte im ATSB anerkannt, was die technische Trennung von Turnen und Fußball auf Bezirks- und Kreisebene sicherte und darüber hinaus detaillierte Richtlinien über die Finanzen hervorbrachte[13] (vgl. Freie Sportwoche 1921, Nr. 17, 133). Danach setzten sich fortan die Einnahmen der Fußballsparte aus einer Art Kopfsteuer, aus den Meldegebühren für die Serienspiele, den Überschüssen von Spielen auf geschlossenen Plätzen und den Straf- bzw. Protestgebühren zusammen (vgl. Freie Sportwoche 1921, Nr. 17, 133). Ohnehin wurde das Bundesausschusswesen der Fußballsparte nach 1921 beträchtlich ausgebaut. Gebildet wurden ein engerer, erweiterter und örtlicher Bundesfußballausschuss. Auf Vereins-, Bezirks- und Kreisebene wurden Techniker eingestellt, die sich einzig mit der Förderung der Spielkultur der Fußballbewegung zu beschäftigen hatten. Außerdem wurde Robert Riedel auf der Spartentagung 1924 in Kassel zum Bundesfußballleiter gewählt (vgl.

---

[13] In Punkt fünf der Tagesordnung des Bundestages vom 27. April 1921 wurde die Organisation des Fußballspieles im Bund diskutiert und dabei auch die „Kassengebarung für Fußballer" festgelegt. Absatz e) legt fest: „Die turnerischen Bezirke und Kreise haben bei selbstständiger Kassenführung der Fußballspielbezirke und Kreise weder Aufsichts- noch Einspruchsrecht" (Freie Sportwoche 1921, Nr. 17, 133).

Freie Sportwoche 1924, Nr. 9, 57); ein Amt, das er bis 1933 bekleiden sollte.

Die Arbeiterfußballer hatten ihr angestrebtes Ziel eigentlich erreicht und wollten dennoch in der Folgezeit mehr. Sie strebten nach einem stärker föderalen Aufbau des ATSB. Mehr noch: Sie reklamierten Posten auf der Bundesebene für sich, und lösten dadurch die sogenannte ‚Spartenfrage' aus. Dabei mussten sich die Fußballer von vielen Turnern den Vorwurf gefallen lassen, sich nicht mehr dem Ideal einer allgemeinen körperlichen Ausbildung verbunden zu fühlen und ausschließlich ihren Sport betreiben zu wollen. „Wo bleibt das Interesse der Fußballer an der eigentlichen Bewegung?", fragte da die Freie Sportwoche zum Jahreswechsel 1927/28 (1927, Nr. 52, 818). Die Frage „Sportbund oder Spartenbund?" (Freie Sportwoche 1927, Nr. 52, 818) wurde in der Arbeitersportpresse unter dem Begriff ‚Spartenfimmel' diskutiert (vgl. Freie Sportwoche 1926, Nr. 26, 389). Die Fußballer argumentierten damit, dass die internationale Sportbewegung überwiegend eine Fußballbewegung sei und darüber hinaus jede Sparte ihren eigenen bürgerlichen Gegner habe, somit sei für jede Sparte eine spezifische Propaganda notwendig. Ihre Ziele formulierte Riedel auf einer Tagung der Kreisleiter der Fußballsparte im Oktober 1927 in Leipzig: eine eigene Verwaltung, eigene Finanzierung, das Recht einer eigenen Delegation und die Führung der Außenpolitik (vgl. Freie Sportwoche, Nr. 52, 818).

Doch diesmal war der Bundesvorstand nicht dazu bereit, den Forderungen der Fußballsparte nachzugeben. Auf seiner Sitzung im Dezember 1927 beschloss er, dass den Sparten eine solche Selbstständigkeit nicht zugestanden werden könne, weil dadurch aus dem zentralistischen Bund ein föderalistischer entstünde, der eine unerträgliche Schwäche bedeute. Den Sparten sollte zwar im Rahmen des Bundes größte Freiheit gewährt werden, Bundesspartenvorstände würden aber nicht gestattet (vgl. Freie Sportwoche 1927, Nr. 50, 798). Zusätzlich befeuert wurde die Auseinandersetzung durch Artikel in der Freien Sportwoche, in denen der Turnerschaft „kleinbürgerlicher Konservatismus“ und „Vergewaltigung der Demokratie“ (Freie Sportwoche 1927, Nr. 44, 629) vorgeworfen wurde.

Auf der Leipziger Versammlung 1928 beendete der Bundestag schlussendlich die ‚Spartenfrage‘, indem er einen Antrag des Bundesvorsitzende Cornelius Gellert annahm. Darin hieß es:

> „Der Bundestag erkennt die Haltung des Bundesvorstandes in der Spartenfrage als richtig an. Der Bundestag appelliert an die gesamte Mitgliedschaft, Sonderinteressen in der Spartenfrage zurückzustellen, im Hinblick auf die unbedingt notwendige Einheit und Geschlossenheit des Bundes. Die Sparten haben unbesoldete Mitglieder des Bundesvorstand zu wählen, und zwar die Turner fünf, die Fußballer zwei und die Wassersportler zwei“ (Protokoll vom 16.Bundestag 1928, 97).“

Hinter dem Antrag stand aber auch die Befürchtung, dass die ‚Spartenfrage‘ auf dem Bundestag von der kommunistischen Fraktion im ATSB zur Abspaltung genutzt werden könnte. Ohnehin hatte die politische Auseinandersetzung ab 1929 mit den an der KPD orientierten Sportverbänden (IG und KG) der ‚Spartenfrage‘ viel Brisanz genommen. Dennoch zeigten sich die Fußballer weitgehend zufrieden mit der Entwicklung ihrer Sparte unter dem Dach des ATSB: „Wenn auch nicht alle Wünsche erfüllt waren“, resümiert die Zeitung Der Fußball-Spieler (1931, Nr.4, 27) über die ‚Spartenfrage‘, „so haben die Bestimmungen des Statuts die Entwicklungen des Fußballsports nicht gehindert.“

III.3 Strukturen und Spielbetrieb der ATSB-Fußballsparte

III.3.1 Aufbau und Spielbetrieb

Der Aufbau der ATSB-Fußballsparte ist in der Bundes-Fußballsatzung von 1931 dokumentiert. Danach waren die Aufgaben der Fußballsparte in folgender Weise bestimmt:

1. Förderung und Regelung des Fußballspiels durch Satzungen, Regeln, Bestimmungen, Richtlinien, Aufsätze, Lehrbücher und Herausgabe einer Fachzeitschrift.

2. Werbung für das Fußballspiel und den Arbeiter- Turn- und Sportbund e.V. durch Wort, Schrift und sportliche Veranstaltungen.

3. Unterstützung und Förderung der Fußballkreise, Fußballbezirke und sonstigen Körperschaften der Fußballsparte.

4. Durchführung von Lehrgängen und Prüfungen für die in den verschiedenen Arbeitsgebieten der Körperschaften und Vereine tätigen Mitglieder der Fußballsparte.

5. Lehrtätigkeit an der Bundesschule, Förderung des technischen Lebens der Fußballsparte und des für das Fußballspiel nützlichen volkstümlichen Übungssportes.

6. Überwachung und Genehmigung der Fußballspiele mit ausländischen Mannschaften.

7. Überwachung der Satzungsbestimmungen und Spielregeln in der Fußballsparte.

8. Regelung von Streitigkeiten und Verstößen gegen die Bestimmungen der Bundessatzung für das Fußballspiel durch ein besonderes Rechtswesen (Bundes-Fußballsatzung 1931, 17ff.).

Die Verwaltung der Fußballsparte teilte sich danach auf in:

1. Geschäftliche Körperschaften: Bundestag der Fußballer, Tagung der Kreisleiter der Fußballsparte, Verwaltungsausschuss der Fußballsparte und Arbeitsausschuss der Fußballsparte.

2. Technische und Hilfskörperschaften: Tagung der Kreistechniker der Fußballsparte, Technischer Bundesausschuss der Fußballsparte, Tagung der Kreisschiedsrichter der Fußballsparte und Bundes-Schiedsrichterausschuss der Fußballsparte (Bundes-Fußballsatzung 1931, 19).

Demnach war der Bundestag „die höchste Körperschaft der Fußballsparte“ (Bundes-Fußballsatzung 1931, 23). Er war zuständig für die Beratung und Beschlussfassung über sämtliche Angelegenheiten der Fußballsparte, die Stellungnahme zum Bundestag sowie die Wahl des angestellten Leiters der Fußballsparte und der Vertreter der Fußballsparte im Bundesvorstand (vgl. Bundes-Fußballsatzung 1931, 20). Die Bildung eines Bundesspartenvorstandes war den Fußballern auch in diesem Statut, das im April 1931 rechtskräftig wurde, nicht zugestanden worden. Fußballspielleiter war bis 1933 Robert Riedel, der gleichzeitig auch den Vorsitz im internationalen Fachausschuss für Fußball bekleidete.

Der Bundestag hatte 1930 beschlossen, künftig alle drei Jahre zusammenzutreten. Der Bundestag der Fußballsparte sollte jeweils vor dem allgemeinen ATSB-Bundestag tagen (vgl. Bundes-Fußballsatzung 1931, 19). Daher versammelte sich die Fußballsparte 1930 zum letzten Mal unmittelbar vor einem allgemeinen Bundestag. Denn drei Jahre später, 1933, wurde wegen der nationalsozialistischen Machtübernahme eine Tagung unmöglich.

Die Kreisleitertagung der Fußballsparte sollte in der Regel jährlich tagen. Sie nahm die Berichte des Leiters der Bundesfußballsparte und der Kreisleiter entgegen. Zudem beschloss sie die Bundes-Fußballsatzung bzw. konnte deren Sätze mit einfacher Mehrheit ändern (vgl. Bundes-Fußballsatzung 1931, 20 f).

Der Verwaltungsausschuss der Fußballsparte bestand aus den vier Verbandsleitern, dem Leiter der Bundesfußballsparte und einem Bundesvorstandsmitglied, das der Fußballsparte angehörte. Er führte die Beschlüsse des Bundestages und der Kreisleitertagung der Fußballsparte durch, überwachte die Bundessatzung und organisierte Bundesfußballspiel-Veranstaltungen und Spieltage der Bundesmeisterschaftsspiele (vgl. Bundes-Fußballsatzung 1931, 21).

Der Arbeitsausschuss setzte sich aus dem Leiter der Bundesfußballsparte plus zwei der von ihm berufenen Mitglieder aus der Fußballsparte zusammen. Seine Aufgaben bestanden in der Durchführung der Beschlüsse des Verwaltungsausschusses, dem er auch verantwortlich war, der abschließenden Entscheidung im Rechtsmittelverfahren und der

Auslegung der Bundessatzung für den Fußball (vgl. Fußball-Bundessatzung 1931, 23).

Um die Bundesmeisterschaftsspiele durchzuführen, bildeten die Fußballkreise wiederum Kreisfußballverbände, die nach regionalen Gegebenheiten zu Spielverbänden zusammengeschlossen wurden. Die Fußballkreise entsprachen den allgemeinen Kreisen des Bundes, während die Fußballbezirke innerhalb der Kreise nach Spielbedürfnissen gebildet wurden (vgl. Fußball-Bundessatzung 1931, 18). Die Organisation der Spiele in den einzelnen Bezirken und Kreisen unterschied sich geringfügig. Doch bis etwa 1926 setzte sich ein einheitliches Liga-System, die Austragung der Serienspiele in abgestuften Stärkeklassen, durch. Von 1919 bis 1924/25 wurden diese Spiele in einer Herbst- und Frühjahrsrunde ausgetragen. Lediglich die Spielzeit im Jahr 1925 bildete dabei eine Ausnahme. Auf Antrag der Bundesfußballausschusssitzung vom November 1924 wurde nämlich ein Versuchsjahr beschlossen, in dem jeder Kreis seine Termine selbst festlegen konnte. Bereits im Folgejahr 1926 kehrte man allerdings wieder zum alten Austragungsmodus zurück (vgl. Freie Sportwoche 1924, Nr. 27, 252).

Gleichzeitig wurden 1925 auch die einzelnen Kreise bestimmten Verbänden fest zugeteilt. Zuvor wechselten diese ständig, was sich auch auf finanzielle Engpässe der Verbände zurückführen lässt. Denn die Spiele bis zum Verbandsmeister mussten von den Verbänden selbst finanziert werden. Das stellte vor allem die Verbände mit einer großen geographischen Ausdehnung vor akute Probleme. So musste beispielsweise der ostdeutsche Verband im Jahr 1927 auf die Austragung seiner Verbandsmeisterschaft verzichten, was wohl einem finanziellen Defizit geschuldet war (vgl. Freie Sportwoche 1928, Nr. 2, 30). Die Verbandsmeister spielten dann die beiden Halbfinals und schließlich im Endspiel den Bundesmeister aus. Diese Spiele standen nun unter der Leitung des ATSB. Verluste und Gewinne waren also Sache des Bundes. Blieb nach Abzug aller Unkosten ein Überschuss in den Kassen, so konnte der Bund den vier beteiligten Vereinen einen Anteil in Höhe von fünf Prozent zuteilen. Zudem übernahm der Bund die Reisekosten der Vereine (vgl. Freie Sportwoche 1925, Nr. 2, 10; vgl. Bundes-Fußballsatzung 1931, 122).

Doch Fußball war eine kostspielige Angelegenheit für die Vereine und auch die Spieler, was sich in regelmäßigen Debatten um die Erhöhung der Bundesbeitragssätze für die Fußballer widerspiegelte. Als zuletzt im Dezember 1932 über diese „Sondersteuer für Fußballspieler" im Fußball-Stürmer (1932, Nr. 49, 771) gestritten wurde, schrieb dieser verteidigend:

> „Daß der Spieler ein großer Idealist ist, wird kein Turner bestreiten können. Will jemand Fußball spielen, muß er zunächst für seine Ausrüstung sorgen. Für diese hat er beträchtlich mehr auszugeben als viele andere Sportler. Um den Spielbetrieb aufrechtzuerhalten muß mindestens zweimal im Monat auswärts gespielt werden. Straßenbahn und Eisenbahn gewähren aber keine Freifahrtscheine. Auch müssen die Fußballvereine wesentlich höhere Beiträge an Bezirk und Kreis ihrer Sparte abführen als die anderen Sparten, weil die Durchführung eines geordneten Spielbetriebes viel größere Ausgaben erfordert" (Fußball-Stürmer 1932, Nr. 49, 771).

Die Bundesmeisterschaften wurden seit 1920 dennoch ohne Unterbrechung ausgetragen. Folgende Vereine gewannen die Meisterschaft (vgl. Bundeskalender 1933, 53):

1920	TuSpv Fürth – Süden Forst	3:2 (0:0)
1921	Leipzig-Stötteritz – Nordiska Berlin	3:0 (1:0)
1922	Leipzig-Stötteritz – Kassel 06	4:1 (1:0)
1923	Leipzig-Stötteritz – Alemannia Berlin	1:0 (0:0)
1924	DSV 1910 Dresden – Stern Breslau	6:1 (2:0)
1925	DSV 1910 Dresden – Stralau Berlin	7:0 (3:0)
1926	DSV 1910 Dresden – Süden Forst	5:1 (1:0)
1927	DSV 1910 Dresden – Nürnberg-West	4:1 (3:1)

1928	Adler 08 Berlin – Frankfurt Westend	5:4 (3:3)
1929	SC Lorbeer 06 Hamburg – Fr. T. Döbern	5:4 (2:0)
1930	Nürnberg-Ost – Bahrenfelder Sportverein	6:1 (1:0)
1931	Lorbeer 06 Hamburg – Pegau	4:2 (1:2)
1932	Nürnberg-Ost – Cottbus 93	4:1 (3:0)

Neben den Meisterschaftsspielen trugen die Vereine des ATSB untereinander Freundschaftsspiele aus. Sogenannte ‚Spielbörsen', bei denen Freundschaftsspiele vermittelt wurden, konnten zur leichteren Organisation auf Bezirksebene veranstaltet werden (vgl. Freie Sportwoche 1924, Nr. 5, 38). Diese Spiele sollten natürlich für den Arbeitersport im Allgemeinen werben, allerdings auch kleineren Vereinen vom Land die Chance geben, sich mit gut spielenden Mannschaften, die meist aus den Städten kamen, auf dem Fußballplatz vergleichen zu können. Darüber hinaus boten solche Spiele den Vereinen die Gelegenheit, ihre Kassen durch die Eintrittsgelder etwas zu entlasten (vgl. Freie Sportwoche 1924, Nr. 22, 211; vgl. Bundes-Fußballsatzung 1931, 144).

Eine besondere Bedeutung unter den Freundschaftsspielen besaßen die Städtespiele, also die Begegnungen zweier Stadtauswahlmannschaften. Ihnen wurde ein hohes Maß an Werbewirkung für den Fußball zugesprochen. Zudem sollte der Gedanke der Zusammengehörigkeit aller Vereinsmannschaften mit diesen Spielen gepflegt werden. Die Freie Sportwoche (1924, Nr. 23, 221) betont: „In dieser Beziehung kann der Wert der Auswahlspiele nicht hoch genug angeschlagen werden. Die Fußballer, welche mehrmals tätig gewesen sind bei solchen Spielen, werden schwerlich den Fußballsport wieder aus der Enge des Vereinsstandpunktes beurteilen. Dieses Moment wiederum ist geeignet, in den Meisterschaftsspielen zur Vermeidung unnötiger Härten beizutragen."

III.3.2 Internationaler Spielbetrieb

Auf dem Kongress in Luzern am 13. und 14. September 1920 gründete sich der Internationale Verband für Sport und Körperkultur, der nach seinem Schweizer Gründungsort bis 1928 als Luzerner Sport-Internationale, kurz LSI, bezeichnet wurde. Zuvor gab es bereits im Jahr 1913 auf die Initiative des Belgiers Gaston Bridoux hin internationale Kontakte im Arbeitersport (vgl. Nitsch 1985, 174). Mit der Aufnahme Deutschlands in die LSI war es den deutschen Arbeitersportlern frühzeitig gelungen, als gleichberechtigter Partner im internationalen Arbeitersport anerkannt zu werden (vgl. Nitsch 1985, 179).

Sportpolitisch trat die LSI in ihren Anfangsjahren jedoch kaum in Erscheinung. Internationale Aktivitäten übernahmen meist die mitgliederstärksten nationalen Verbände. Erst kurz vor der Frankfurter Arbeiterolympiade 1925 bewegte sich die LSI zu einer internationalen Vereinbarung für den Fußball. Abgedruckt wurde diese in der Freien Sportwoche (1925, Nr. 31, 355). Darin hieß es:

„1. Länderspiele.

a) Ein Länderspiel ist ein Wettspiel zwei von der Luzerner Sportinternationale anerkannten Landesverbänden. Ein solches Spiel kann nur von einem der unterzeichneten Landesverbände abgeschlossen werden. Die Spieler in diesen Mannschaften müssen 6 Monate Mitglied in den bekannten Verbänden sein. Ausnahmen können die Verbände beschließen, jedoch muß dies beim Abschluß eines Spiels – unter Angabe der Gründe – dem Gegner mitgeteilt werden. Diese Spiele erfolgen auf Rechnung des veranstaltenden Landes. Besondere Vereinbarungen finanzieller Art sind statthaft.

b) Um den Charakter der Länderspiele zu wahren, soll jeder Verband im Jahre nur einmal gegen ein und denselben Verband spielen. Diese Spiele sind nur von den zuständigen Landesleitungen abzuschließen.

c) Die Entschädigung der Spieler darf außer Nachtquartier 2 ¼ Dollar nicht übersteigen pro Tag. (...)

2. Kreis-, Bezirks- (Städte) und Vereinsspiele.

a) Jedes dieser Spiele bedarf der schriftlichen Genehmigung der zuständigen Landesorganisation. Kein Spiel darf ausgetragen werden, wenn eine der beiden Zentralinstanzen die Genehmigung versagt.

b) Diesbezügliche Anfragen müssen innerhalb 7 Tagen beantwortet sein. Geschieht dies nicht, dann gilt dies als Zustimmungserklärung. Die Zentralleitungen haben das Recht, zu jedem Spiel einen Beauftragten zu entsenden, der sich zu überzeugen hat, ob die Genehmigung der Landesverbände vorliegt. (...)

c) Das Bewilligungsgesuch muß mindestens 21 Tage vor dem Spiel eingereicht werden. Im anderen Falle muß jede Verantwortung für die Folgen, die aus der Nichtbeachtung dieser Vorschrift entstehen können, abgelehnt werden.

d) Es ist untersagt, solche Spiele als Länderspiele zu bezeichnen. (...)

3. Strafbestimmungen.

a) Wird gegen vorstehende Bestimmungen verstoßen, tritt Spielverbot bis zu einem Jahr ein. Außerdem sind festgesetzte Spesen und etwa entstandene Unkosten zu bezahlen. Andere Verfehlungen, wie Spielabbruch, sonstiges würdeloses Benehmen im In- und Ausland können ebenfalls Spielverbot bis zu einem Jahr oder mit Ausschluß bestraft werden.

b) Zuständig für alle Verfehlungen ist die Organisation, der die Mitglieder angehören, die sich Verstöße gegen die Bestimmungen zuschulden kommen ließen" (Freie Sportwoche 1925, Nr. 31, 355).

Fußballspiele zwischen deutschen und ausländischen Arbeitersportlern hatten allerdings bereits lange vor dieser internationalen Vereinbarung stattgefunden. Wann genau, ließ sich allerdings aus den Quellen nicht ermitteln. Die Freie Sportwoche (Nr. 28, 219) berichtete am 14. Juli 1920 über „Das erste internationale Spiel im Arbeitersport" zwischen der Freien Turnerschaft Unterweser Bremerhaven und einer holländischen Mannschaft (vgl. Filter 1988, 60). Sicher ist, dass es ab 1920 regelmäßige internationale Spiele gab. Besonders in grenznahen Gebieten, wo die Vereine ohne großen finanziellen Aufwand gegeneinander spielen konnten, nahm der

Spielbetrieb zu. Die Anzahl solcher Spiele stieg an, was sich auch an den häufigen Berichten in der Freien Sportwoche ablesen lässt (vgl. Freie Sportwoche 1920, Nr. 36, 282; vgl. Freie Sportwoche 1920, Nr. 37, 290). Nach Angaben des Bundes fanden in den Jahren von 1928 bis Dezember 1930 rund 1000 Begegnungen zwischen deutschen und ausländischen Mannschaften statt (vgl. Merkblätter für Lehrgänge 1931, Nr. 73, 2). Die Bedeutung dieser Spiele sollte dabei nicht so sehr im Leistungsvergleich als vielmehr in der Werbung für den Arbeitersport und in der Förderung des Gedankens der Zusammengehörigkeit der Arbeiter liegen (vgl. Merkblätter für Lehrgänge 1931, Nr. 73, 1). Übergeordneten Charakter hatten dabei die ab 1924 ausgetragenen Länderspiele. Insgesamt trug die ATSB-Landesauswahl – der Begriff Nationalmannschaft wurde tunlichst gemieden – bis zum letzten Spiel am 25. Dezember 1932 gegen Polen 76 Spiele aus, davon gewann sie 45, bei 23 Niederlagen und 8 Remis (vgl. Bundesturnkalender 1933, 54).

Beim ersten offiziellen Länderspiel, gespielt am 11. Oktober 1924 gegen den ehemaligen Kriegsgegner Frankreich, repräsentierte die komplette Mannschaft des DSV 1910 Dresden die Fußballsparte des ATSB. Behaftet war das Debüt der deutschen Arbeiter-Auswahlmannschaft mit einer politischen Brisanz. Denn Frankreich besetzte seit 1923 das Ruhrgebiet, was die ohnehin schlechten politischen Beziehungen zu den ‚Erbfeinden' zusätzlich schwer belastete. Deshalb kommentierte die Freie Sportwoche (1924, Nr. 22, 212) die 90 Minuten von Paris gegen die Auswahl der ‚Federation sportiv du travail' (FST) auch als politischen Erfolg: „Die Bedeutung dieses Spiels liegt nicht zuletzt auf politischem Gebiet. Zum ersten Male nach dem entsetzlichem Völkerwahnsinn sind deutsche Sportler in Paris." Gleichzeitig nutzte die Zeitung das Frankreich-Spiel auch zur Agitation gegen den ‚bürgerlichen' Fußball, wenn sie betont: „Arbeitersportler sind es, welche die schier undurchdringliche Mauer des Völkerhasses als erste durchbrachen, welche wieder als Brüder miteinander verkehren. Den bürgerlichen Sportlern ist dieser so heiß ersehnte Verkehr noch nicht gelungen." Auch die französische Presse wertete die Begegnung als Erfolg und fügte an: „Wünschen wir, daß sein Widerhall groß sei und daß es dazu beitrage, bei den deutschen Volksmassen den Gegenpol zu stupiden und gefährlichen Aufreizungen zu stärken" (Oeuvre 1924, z.n. Freie Sportwoche 1924, Nr. 24, 1924).

Besonderen Charakter besaßen die Länderspiele zwischen deutschen und österreichischen Arbeitersportlern. Diese Begegnungen bilden stets, so schrieb der Fußball-Stürmer (1932, Nr. 24, 371), „eine Quelle der schönsten fußballsportlichen Erinnerungen und sind zugleich eine der großartigsten und eindrucksvollsten Werbungen für das Arbeiterfußballspiel und den internationalen Arbeitersport gewesen".

Dazu waren die Treffen beider Auswahlmannschaften ähnlich politisch aufgeladen wie die Frankreich-Spiele. Denn genauso wie die deutsche und österreichische Arbeiterbewegung jeweils den sogenannten Anschluss Österreichs bejahten, unterstützen auch die Vertreter beider Arbeitersportverbände eine Vereinigung der Nachbarstaaten. Eine Haltung, die ihren Ausdruck in der Inszenierung der Länderspiele fand. Die Freie Sportwoche (1930, Nr. 14, 222) beschreibt: „Bei keinem Spiel dieser beiden Länder ist versäumt worden, auf die Wesensverwandschaft und Schicksalsgemeinschaft der beiden Länder hinzuweisen. Alle Spiele waren umrahmt von Kundgebungen für die staatliche Vereinigung von Deutschland und Österreich. Der Anschlussgedanke kam immer mächtig zum Ausdruck." Bis 1926 bildeten die österreichischen Arbeitersportler – im Gegensatz zu ihren deutschen Genossen – mit den bürgerlichen Vereinen einen Einheitsbund. Deshalb konnten erst nach der Trennung aus diesem Bund und Beitritt zu dem seit 1924 bestehenden Arbeiterbund für Sport und Körperkultur Österreich (ASKÖ) Länderspiele beider Auswahlmannschaften stattfinden (vgl. Krammer 1985, 91). Daher trafen sich die beiden Mannschaften erst am

18. April 1927 in Wien zum ersten gemeinsamen Länderspiel (vgl. Krammer 1985, 91).

Zu internationalen Begegnungen von Arbeiterfußballern kam es aber nicht nur durch Länderspiele, sondern auch durch die beiden Arbeiterolympiaden von 1925 und 1931, in deren Rahmen jeweils Fußballturniere ausgetragen wurden, sowie dem Europaturnier von 1931. Welche Rolle spielte die ATSB-Fußballsparte bei der Austragung dieser Veranstaltungen?

Es sollte ein Fest sein, wie es Frankfurt zuvor selten gesehen hatte, diese erste Arbeiterolympiade im Jahr 1925 (vgl. Freie Sportwoche 1925, Nr. 25, 260). „Man denke nur an den Anblick einiger 100.000 sehniger, straffer Gestalten, wie Turner, Leichtathleten, Fußballer, Schwimmer, Turnerinnen usw. in leichter, luftiger Sportkleidung, die der Festzug durch die Straßen der Stadt bringen wird“, schrieb die Freie Sportwoche (1925, Nr. 25, 260) vor Beginn der Veranstaltung und fügte hinzu: „Das imposante Bild, wenn sich auf der Festwiese im Stadion die unzähligen nackten, braunen Leiber im Rhythmus der allgemeinen Freiübungen heben und senken. (...) Wahrhaftig, Bilder, die unvergeßlich sein werden.“ Das Fußballturnier, für das neben Deutschland noch Finnland, Tschechoslowakei, die Schweiz, Belgien und Frankreich eine Mannschaft meldeten, endete mit einem Finalsieg der deutschen Mannschaft über die Finnen. Vor Beginn der Veranstaltung drehten sich die Fragen in der Fußballsparte vor allem um die Finanzen (vgl. Freie Sportwoche 1925, Nr. 8, 69). Wie konnte es selbst mit einem kleinen Budget gelingen, die beste Mannschaft nach Frankfurt zu bringen? Als Antwort auf diese Frage entschieden sich die Kreisspielwarte, den amtierenden Bundesmeister, im Olympiajahr 1925 war dies der DSV 1910 Dresden, als Vertreter des ATSB auch bei der Arbeiterolympiade antreten zu lassen (vgl. Freie Sportwoche 1925, Nr. 8, 69).

Darüber hinaus waren es allerdings die Massenveranstaltungen und Kulturdarbietungen, die das Gesicht der Frankfurt

Arbeiterolympiade prägten. Neben den sportlichen Wettkämpfen organisierten Olympia-Ausschüsse des ATSB beispielsweise Rheindampferfahrten, Kunstabende in Opern-, Theater- und Schauspielhäusern oder sogenannte Olympia-Wanderungen, die den Arbeitersportlern die „günstige Gelegenheit bot[en], im Kreise ihrer sinnesverwandten auswärtigen Gäste" (Freie Sportwoche 1925, Nr. 22, 234; vgl. Freie Sportwoche 1925, Nr. 25, 261) auch abseits des Stadions etwas in Gemeinschaft zu unternehmen. Insgesamt organisierten in monatelangen Vorarbeiten etwa 10.000 Hilfskräfte die Arbeiterolympiade samt dem Rahmenprogramm. Die reine Verwaltungsarbeit übernahmen 14 Hauptausschüsse, wobei sich diese wieder in eine Reihe Unterausschüsse aufteilte. Weitere zehn Ausschüsse befassten sich mit den technischen Fragen der Veranstaltung (vgl. Freie Sportwoche 1925, Nr. 22, 234). „Die großen Demonstrationszüge nehmen selbstverständlich auch die Fußballer auf", schrieb die Freie Sportwoche (1925, Nr. 8, 69). Zusätzlich waren für den Fußball rund einhundert sogenannter ‚Propaganda-Spiele' während der Olympia-Woche angesetzt worden. Diese Spiele, zumeist gegen Vereine aus der Rhein-Main-Gegend, dienten vor allem der Werbung für den Arbeitersport und fanden auf ungefähr vierzig verschiedenen Spielplätzen in Frankfurt und der näheren Umgebung statt. (vgl. Freie Sportwoche 1925, Nr. 25, 260; vgl. Freie Sportwoche 1925, Nr. 8, 69).

Sechs Jahre später, im Sommer 1931 bei der zweiten Arbeiterolympiade in Wien, besaß das dortige olympische Fußballturnier einen höheren Stellenwert. Insgesamt meldeten sich vierzehn Mannschaften. Neben den sechs bereits in Frankfurt vertretenen Verbänden waren dies der spätere Turniersieger Österreich sowie Polen, Ungarn, Norwegen, Estland, Lettland, Palästina und Dänemark. Nach Abschluss des Wettbewerbs stellte die Freie Sportwoche (1931, Nr. 31, 399) fest: „Die sich immer stärker bemerkbar machende Konkurrenz innerhalb der Verbände und der internationale Fußballverkehr haben auch eine Erhöhung der Leistungen erreicht.

Insbesondere ist der kämpferische Einsatz stärker gewachsen. Wir konnten dies in erster Linie bei Österreich – Deutschland – Polen – Norwegen – Palästina bemerken“, während die anderen Mannschaften „zumindest ihre bisherige Leistungsfähigkeiten gehalten haben und sich mehr und mehr an die führenden Nationen anschließen.“ Wieder machte der ATSB-Fußballsparte die Zusammenstellung ihrer Mannschaft zu schaffen. Diesmal, anders als 1925, siebte die Bundesleitung zusammen mit ihren Kreisleitern über „Vorsichtungen der Auswahlspieler“ und anschließende „Befähigungsspiele“ (vgl. Freie Sportwoche 1931, Nr. 25, 327) ihre 16 Spieler aufwendig aus den rund 4000 ATSB-Fußballvereinen heraus. Die Mannschaft erreichte immerhin das Endspiel. Insgesamt reisten etwa 30.000 Arbeitersportler aus Deutschland auf eigene Kosten zu den Spielen nach Wien, was die Bewegung als Erfolg verbuchte (vgl. Freie Sportwoche 1931, Nr. 52, 640).

Wie bereits in Frankfurt, so wurde auch die Olympiade in Wien von kulturellen Veranstaltungen begleitet. Dokumentiert ist beispielsweise eine Ausstellung zum Thema ‚Sport und Mensch‘, die extra für die Feiertage während der Wettkämpfe länger offen gehalten wurde, damit auch die Olympiateilnehmer die Gelegenheit zum Besuch haben würden (vgl. Freie Sportwoche 1931, Nr. 14, 173). Nach der Wiener Arbeiterolympiade kam es Anfang August 1931 zu zwei Länderspielen zwischen ATSB-Auswahlmannschaften und einer Mannschaft der jüdischen Arbeitersportbewegung Hapoel. Knapp zwei Jahre vor Beginn der nationalsozialistischen Diktatur waren dies für 56 Jahre lang die beiden letzten offiziellen Treffen zwischen deutschen und jüdischen Fußballspielern (vgl. Simri 1985, 170).

Deutlich umstrittener als die beiden Arbeiterolympiaden wurde die Idee einer Fußball-Europameisterschaft innerhalb des ATSB diskutiert. Dieses Turnier sei eine „krankhaft überspannte Form des Wettkampfes“ (Fußball-Stürmer 1932, Nr. 40, 594), so lautete die Kritik, und sei daher abzulehnen. Zudem sei in Zeiten der Weltwirtschaftskrise und des Kampfes um die sozialistische Einheit des Bundes ein solcher Wettbewerb gänzlich überflüssig (vgl. Fußball-Stürmer 1932, Nr. 40, 594). Kurzum: Es gäbe Wichtigeres als dieses Fußballturnier. Doch die Arbeiterfußballer entgegneten dem die positive Formel von der internationalen Solidarität der teilnehmenden Länder. Immerhin meldeten sich außer Deutschland noch Polen, Ungarn, Österreich, Tschechoslowakei, die Schweiz, Frankreich, Belgien, Holland, Dänemark, Norwegen, Finnland, Schweden, Estland und Lettland für das Turnier, das zuerst in Gruppenspielen und dann in einer Endrunde seinen Sieger ermitteln sollte (vgl. Freie Sportwoche 1932, Nr. 40, 594f).

„Mit ihr geht ein langgehegtes Ziel in Erfüllung: enge, unzertrennliche Verbindung mit den Arbeiterfußballern aller Länder Europas," schrieb der Fußball-Stürmer (1932, Nr. 40, 626) über das Fußballturnier und betonte den einigenden Charakter der Veranstaltung: „Nicht mehr die einzelnen Länder, nein, Europa ist der Kampfplan geworden, auf dem Arbeitersport und Arbeiterfußball in starker, breiter Front gegen den verfallenden, versinkenden bürgerlichen Sport zu Felde ziehen!" Die Befürworter argumentierten also mit der Herstellung der sozialistischen Einheit und der Abgrenzung gegenüber der bürgerlichen Konkurrenz, die im Jahr 1930 erstmals ihre Fifa-Weltmeisterschaft veranstaltete. So wurde dann auch das erste Spiel des Wettbewerbs am 25. September 1932 in Dresden gegen Österreich präsentiert, nämlich als eine soziale Tat, ein Lehrspiel und eine internationale Kundgebung (vgl. Freie Sportwoche Nr. 38, 594f.) und eben nicht als Beginn eines sportlichen Wettbewerbs. Bis die politischen Ereignisse von 1933 die ATSB-Auswahl zum Ausscheiden aus dem laufenden Wettbewerb zwangen, konnte sie lediglich drei dieser sogenannten ‚Europaspiele' spielen.

III.3.3 Mitgliederzahlen

Die Angaben über die Mitgliederstärke der ATSB-Fußballsparte weichen teilweise erheblich voneinander ab. Erhebungen, die vom Bund angestellt wurden, führten stets weniger Mitglieder auf als die entsprechenden Statistiken der Fußballsparte selbst. So gab die Sparte für 1925 einen Bestand von 100.308 Mitgliedern an. Der Bund hingegen bezifferte für dasselbe Jahr lediglich 79.810 Arbeiterfußballer (vgl. ATSB-Geschäftsbericht über das Jahr 1924/25, 74). Vermutlich sind die Differenzen einem eher schlechten Meldesystem geschuldet. Erst mit dem Ausbau der Sparten auch auf Bezirks- und Kreisebene erstellten die Sparten Register ihrer Mitglieder. Bis dahin wiesen häufig die Turnvereine sämtliche Mitglieder als Turner aus, auch wenn Abteilungen bestanden, die ausschließlich Fußball spielten (vgl. ATSB-Geschäftsbericht über das Jahr 1924/25, 74).

III.4 Die Sportpraxis der ATSB-Fußballsparte

III.4.1 Technik, Training und Taktik

Die Freie Sportwoche informierte nicht nur über den aktuellen Spielbetrieb im Fußball, sondern vermittelte ihren Lesern auch theoretische Aspekte des noch jungen Spiels mit Übungen zur Technikverbesserung, Trainingsgestaltung und Taktikschulung. Auch Fragen der Regelkunde diskutierte man im Blatt. Ab 1931 wurde ihr sogar ‚Der Fußballspieler – Technischer Teil‘ als vierseitiges Supplement beigelegt, das sich ausschließlich mit diesen spielpraktischen Fragen des Fußballs befasste. Daher ist es gut möglich, den Veränderungen und Besonderheiten des ATSB-Fußballs in diesem Bereich nachzugehen und sich auch die Frage zu stellen: Gab es einen sozialistischen Spielstil?

Die Grundbedingung für einen eleganten Fußball – im Gegensatz zum weichen, harten und rohen Fußball – sei die geistig und körperlich gute Allgemeinbildung, gepaart mit einem Eingehen auf die Idee des Fußballspiels, schrieb die Freie Sportwoche (1925, 21, 200). Den Fußballern wurde von vornherein empfohlen, ihre Körper allseitig auszubilden. Geraten wurde, besonders in den fußballfreien Wochen zwischen den Spielzeiten, Leichtathletik zu betreiben oder zu turnen. Eine solide turnerische Ausbildung, hieß es in dem Artikel „Turnen, eine Notwendigkeit des Fußballs“ aus der Freien Sportwoche von 1920 (Nr. 12), garantiere eine „tüchtige Vorbildung und Erziehung zum Fußballer“. Noch 1925 war die Meinung vertreten, dass Fußball allein nicht genüge. „Treibt Ergänzungssport“ (Freie Sportwoche 1925, Nr. 45, 558) forderte die Fußballer auf, nicht ausschließlich dem Ball hinterher zu jagen. Eine Spezialisierung der Arbeiterfußballer auf ihre Sportart sollte also vermieden werden. Jedoch weisen bereits die häufigen Appelle an die Fußballer durch die Freie Sportwoche zu Beginn der 1920er Jahre darauf hin, dass es die Fußballer mit den Forderungen nach einer vielseitigen sportlichen Ausbildung nicht so genau nahmen.

Die Trainingsstunden der Fußballer bestanden vielfach nur aus einem Torschusstraining. Erfahrene Funktionäre, die das Training hätten anleiten können, standen der Fußballsparte zu dieser Zeit nicht zur Verfügung, so dass die Freie Sportwoche (1920, Nr. 31, 241) feststellen musste: „Einer der Hauptgründe, daß unsere Fußballbewegung nicht die Höhe erreicht, welche sie im Verhältnis zur Masse der Fußballspieler haben müßte, ist das Fehlen von Sportlehrern (...)“. Über den zweifachen Bundesmeister SC Lorbeer 06 ist bekannt, dass seine Übungsstunden ausschließlich aus einem Trainingsspiel bestanden und dass auf einzelne Spielformen gänzlich verzichtet wurde (vgl. Skrentny 1982, 191). Die Fußballer ließen sich dennoch etwas einfallen für die Gestaltung und den Aufbau ihres Trainings und wurden beim eigentlich verhassten ‚bürgerlichen‘ Fußballsport fündig. Zum Aufbau eines Trainingskonzeptes empfahl man das Buch „Fußball. Theorie, Technik, Taktik“, das der Trainer des Verbandes Brandenburger Ballspielvereine, Richard Girulatis, herausgab (vgl. Filter 1988, 65). Die Fußballsparte lehnte sich also in dieser Frage an den DFB-Fußball an.

Mit der Etablierung der Sparte im ATSB verstärkten sich auch die Bemühungen, das Leistungsniveau des Fußballs zu heben. Zunächst in zentralen Bundeslehrgängen für Kreis- und Bezirksfußballspielwarte, später auch auf Kreis- und Bezirksebene wurden die Teilnehmer in theoretischen und praktischen Fragen geschult. Doch beklagt wurde die mangelnde Teilnahme an solchen Kursen. Den elften Lehrgang für Fußballspielwarte im April 1921 – veranstaltet wurde diese Schulung fast ausschließlich in der Leipziger Bundesschule – besuchten lediglich 21 von 42 gemeldeten Teilnehmern (vgl. Freie Sportwoche 1921, Nr. 19). Kritisiert wurden außerdem die Inhalte der Veranstaltungen, die häufig die Geschichte des Arbeitersports thematisierten. „Die geschichtlichen Auffschlüsse waren gewiß interessant, aber Theorie über Technik und Taktik, über Regelkenntnisse und anderes mehr ist viel wichtiger“, beklagte ein Teilnehmer (Freie Sportwoche 1921, Nr. 19). Dennoch stellte der Bundesspielleiter Riedel 1929 fest, dass die technischen Fortschritte unverkennbar wären (vgl. Freie Sportwoche 1929, Nr. 47, 788), was der Fußball-Spieler (1929, Nr. 4, 11) auch auf die Ausbildung zurückführte: Die „Schulung unserer Mannschaften hebt die Spielstärke und damit die schon vorhandene Werbekraft des Fußballspiels“. Ganz in diesem Sinne schrieb die Freie Sportwoche (1928, Nr. 34, 564) über die „Höchstleistungen im Arbeitersport“: „Durch die Vertiefungen der Übungsweise, die durch die Arbeiter-Turn- und –Sportschule gefördert wird, sind die Leistungen in den letzten Jahren bedeutend verbessert worden.“ Gleichzeitig wurde dem Fußballer mehr und mehr ein besonderes Anforderungsprofil zugestanden. Zwar benötige auch der Fußballer einen „gleichmäßig und allseitig durchgebildeten Körper“ (Freie Sportwoche 1926, Nr. 49, 752), jedoch sei er ansonsten Spezialist. Einige Fußballer sahen daher in den turnerischen und leichtathletischen Übungen nicht einen Ergänzungssport, sondern die Grundlage für eine bessere Körperbeherrschung, von der sie für ihre Techniken im Fußball profitieren konnten (vgl. Fußball-Spieler 1928, Nr. 3, 17). Indem Lauf- und Turnübungen mit einem Balltraining zu einem Wettbewerb vereint wurden, sollte den Fußballern der Ausgleichssport nähergebracht werden. Auf Kreisfesten wurde diese Art von Wettbewerben ausgeschrieben. Ein Beispiel dafür ist der Fünfkampf der Fußballsparte zum Kreisfest des 4. Kreises im Juli 1928 in Dresden. Dieser bestand aus den Disziplinen: Ballweitstoß, Balleinwurf, Ballführen (mit Hindernissen), Zielstoßen und 100-Meter-Mallauf mit einer Hürde (vgl. Fußball-Spieler 1928, Nr. 3, 19). Ähnliche Wettspiele fanden auch auf den Bundesfesten des ATSB 1922 in Leipzig und 1929 in Nürnberg sowie auf den Arbeiterolympiaden 1925 in Frankfurt und 1931 in Wien statt. „Turnspiele für Fußballer" wurden in der Freien Sportwoche seit 1924 (Nr. 1, 1) beworben.

Mit der Intensivierung der Schulungsarbeit stieg auch die Qualität der Beiträge über Technik, Training und Taktik des Fußballsports in der Freien Sportwoche. Nicht länger die Vermittlung von balltechnischen Fertigkeiten oder vordergründige Ausführungen zum Training standen im Vordergrund, sondern gemäß dem Leitsatz: „Das Fußballspielen ist Kollektivismus in spielerischer Form", (Freie Sportwoche 1927, Nr. 31, 502) wurden die Aufgaben der einzelnen Spielerpositionen detailliert beschrieben und in den Zusammenhang eines Spielsystems gebracht (vgl. Freie Sportwoche 1927, Nr. 12, 181). Richard Haupt aus Eisennach präsentierte in der Freien Sportwoche (1927, Nr. 19, 246) ein intensives Trainingsprogramm für Fußballer. Danach sah Haupt das Ziel des Trainings darin, die Spielkultur zu heben, das heißt die Leistungsfähigkeit eines Spielers bzw. einer Mannschaft zu steigern. Die Mannschaftsaufstellung sah ein 1-2-3-5-Schema vor. An dieser Formation änderte auch die 1925 von der Fifa eingeführte Abseitsregel nichts. Allerdings prägte sich in diesen Jahren das Kopfballspiel als spieltechnisches Element aus. Zwar warnten die Ärzte in der Freien Sportwoche (1925, Nr. 31, 355) vor der Ausführung eines Kopfstoßes, der in seinem „Effekt einem einmaligen starken Trauma gleich" käme. Jedoch erfreute sich dieses Element auch im Torabschluss fortan Beliebtheit (vgl. Freie Sportwoche 1925, Nr. 42, 511).

Von der relativ starren taktischen Aufstellung im 1-2-3-5-Schema begann sich der deutsche Arbeiterfußball erst 1932/33 zu verabschieden. Nach dem Europaspiel gegen Polen diskutierten die Beobachter, ob die deutsche Mannschaft nach einer W-Formation gespielt hätte (vgl. Fußball-Stürmer 1933, Nr. 1, 14). Diese Aufstellung sieht vor, die beiden Halbstürmer zurückzuziehen und sie mit dem Spielaufbau zu beauftragen. Dadurch bilden die Spieler einer Mannschaft in der Grundaufstellung ein W auf dem Platz. Dabei war diese taktische Aufstellung umstritten. Sie galt als besonders schwierig zu spielen und wurde daher nicht allen Mannschaften empfohlen. Nur wer die Ausführung des W-Systems perfekt beherrsche und somit auch Erfolge erziele, sollte sie spielen. Denn „entsprechend seiner Veranlagung ist das modern, was Erfolge schafft. Alles andere ist graue Theorie" (Fußball-Stürmer 1933, Nr. 1, 14), hieß es in einem Aufsatz, der sich abschließend mit der W-Formation auseinandersetzte. Die Frage nach dem Spielsystem wurde also in diesem Fall nicht mit der Anhebung der Spielkultur insgesamt begründet, sondern orientierte sich einzig am Erfolg.

In der Freien Sportwoche wurde intensiv darüber debattiert, ob das Stoß- und Laufspiel, das auch „fliegende Kombination" oder „Kick-and-Rush-System" genannt wurde, oder das engmaschige Kombinationsspiel des schottischen Systems den Vorzug erhalten sollte (vgl. Freie Sportwoche 1926, Nr. 5, 69; vgl. Freie Sportwoche 1928, Nr. 14, 222). Häufig wurde das Stoß- und Laufspiel, das bis zu Beginn der 1930er Jahre vorwiegend von norddeutschen Mannschaften gespielt wurde, als „plump und urwüchsig" bezeichnet, jedoch würde diesem eher einfachen System der Erfolg nicht versagt bleiben, lautete die Einschätzung der Freien Sportwoche (1928, Nr. 14, 222). Denn die strikte Anwendung des Kombinationsspiels sei ein allzu schematisches System, das leicht zur Einseitigkeit und Erstarrung führe, so dass der Fußball der Zukunft „eine Idealmischung (...), welche die Vorteile beider Systeme in sich vereinigt", sein sollte (Freie Sportwoche 1928, Nr. 14, 222). Besonders die englischen Berufsspielermannschaften würden dies bereits beherzigen und besäßen deshalb Vorbildcharakter für den Arbeiterfußball. Sie „bevorzugen heute schon im Engpaß gegenüber dem Stoppen das Fliegen und Gleiten der Bälle" (Freie Sportwoche 1928, Nr. 14, 222).

Die Vermittlung alternativer Inhalte, die im Gegensatz zum ‚bürgerlichen' Fußball stände, wurde in den von mir untersuchten Quellen über Technik, Training und Taktik nicht thematisiert. Eine eigene Konzeption des Arbeiterfußballs – oder gar eine besondere sozialistische Spielart – konnte daher nicht entdeckt werden. Der Arbeiterfußball bemühte sich vielmehr, das allgemeine Leistungsniveau der Vereine in der Fußballsparte stetig zu steigern und bediente sich dazu nicht ausschließlich der eigenen Schulungen, sondern machte Anleihen beim DFB, was den Schluss zulässt, dass die Verantwortlichen des ATSB den spielstärkeren Fußball eher im DFB vermuteten.

III.4.2 Die Sportmoral und die ‚Verrohung des Spiels'

Direkt mit der Einführung des geregelten Meisterschaftsbetriebs nach dem Ersten Weltkrieg begannen auch die Beschwerden über die mangelnde Disziplin der Fußballer. Berichte über rohes Spiel, Schlägereien, Spielabbrüche und Proteste waren keine Seltenheit, sondern in beinahe jeder Ausgabe der Freien Sportwoche nachzulesen. Als Beispiel wird im Folgenden ein Ausschnitt eines Berichts über ein Serienspiel zwischen Hertha Aschaffenburg und Steinheim wiedergegeben:

„(...) Es wäre dennoch ein zweifellos interessantes Spiel ausgefochten worden, hätte nicht das unsportliche Benehmen der natürlicherweise vom Lokalpatriotismus ergriffenen, einheimischen Zuschauer und hauptsächlich eine tiefbedauerliche Verfehlung eines Steinheimer Spielers den Wettkampf ein vorzeitiges Ende bereitet. Während nämlich der A. Rechtshalbe im Besitze des Balles dem gegnerischen Tor zustürmte, konnte der Linkshalbe Steinheims nicht unterlassen, den momentanen Ballinhaber in robuster Weise zu umschlingen und so an der weiteren Ballbehandlung unerlaubterweise zu behindern. Vom fraglichen A. Spieler allerdings zur Rede gestellt, ließ sich der ohnedem Schuldige sogar hinreißen, gegen seinen auswärtigen Kameraden handgreiflich zu werden, was den Schiedsrichter bewog, das Spiel 20 Minuten vor eigentlichem Schluß abzubrechen (...)" (Freie Sportwoche 1920, Nr. 45, 358).

Das harte Spiel veranlasste 1921 den Bundestag, einen Sonderantrag mit 12:8 Stimmen anzunehmen, wonach dem Torwart ein besonderer Schutz zugesprochen wurde. Fortan war jeder Angriff gegen den Torwart im Torraum verboten. Dem Antrag voraus gegangen waren schwere Unfälle auf dem Platz. In der Begründung hieß es: „Lieber soll das Spiel vor dem Tore etwas an Lebhaftigkeit verlieren; ehe wir die gesunden Knochen der Torwarte in so schwere Gefahr bringen" (Freie Sportwoche 1921, Nr. 39, 303).

Doch nicht nur die Spieler in ihrem Verhalten untereinander, sondern auch die Zuschauer wurden gleichermaßen für die „Verrohung des Spiels" (Freie Sportwoche 1920, Nr. 49, 385) verantwortlich gemacht. „Wer sich nun zur Aufgabe machen will, beim Fußballspiel Disziplin anzuraten, möge sich zunächst an die Zuschauer wenden", schrieb die Freie Sportwoche (1920, Nr. 49, 385). Immer wieder gingen die Ausschreitungen auch von den Zuschauern aus. Die Schuld an diesem Trend liege im Wertungssystem des Fußballs, befand die Freie Sportwoche. Man bräuchte ja schließlich nur die Spiele besuchen, bei denen es um Punkte ginge und man würde es sehen, schrieb die Zeitung (1920, Nr. 49, 385). Als Resultat auf diese Vorkommnisse setzte mit der Frage: „Warum die Punkte-Jagd?“ (Freie Sportwoche 1921, Nr. 1, 2), eine Diskussion innerhalb der Fußballsparte ein. Den Fußballspielern und dem Publikum wurde vorgehalten, sich nicht mehr bloß an den Leistungen beider Mannschaften erfreuen zu können. Als Folge darauf wurde das Wertungssystem in Frage gestellt: „ (...) bei diesem Jagen wird alles vergessen, Idealismus, die eigene Gesundheit und die Gesundheit derer, die sich zum friedlichen Kampfe stellen“ (Freie Sportwoche 1920, Nr. 3, 18). Also diskutierte man eine „Neue Wertung der Fußballspiele!?“ (Freie Sportwoche 1921, Nr. 3, 18). Ein konkreter Vorschlag zur Änderung der Spielregeln wurde im Januar 1921 in der Freien Sportwoche gemacht. Danach sollte

„jedes einwandfrei geschossene Tor 10 Punkte zählen, vorausgesetzt, daß es kein Selbsttor war oder nicht durch Strafstoß oder Elfmeter erzielt wurde oder im Anschluß an einen Eckball erfolgte, solange sich der Ball noch im Strafraum befindet. Für ein Selbsttor oder ein durch Strafstoß, Elfmeter und Eckball erzieltes Tor werden nur 5 Punkte gewertet. Für Strafstoß 2 Punkte, Freistoß sowie Einwurf 1 Punkt, Elfmeter 4 Punkte. Sollte durch eine dieser Strafen ein Tor erzielt werden, so wird das gewonnene Tor also 5 Punkte, dazugerechnet“ (Freie Sportwoche 1920, Nr. 3, 18).

Die Mannschaften sollten dadurch gezwungen werden, fairer zu spielen. Doch der Vorschlag scheiterte, ein Punktesystem anstelle der Torezählung als Wertung für ein Fußballspiel einzuführen. Es würde vor allem die ohnehin schon überforderten Schiedsrichter vor unlösbare Aufgaben stellen, hieß es. „Denn wenn jetzt schon bei der einfachen Wertung die Ausschreitungen gegen den Schiedsrichter und die sonstigen unliebsamen Vorfälle keine Seltenheit sind, so werden sie bei der vorgeschlagenen Wertung immer ekelerregender werden“ (Freie Sportwoche 1921, Nr. 8, 62).

Es blieb nicht bei einzelnen Einsprüchen. Zahlreiche Artikel wandten sich gegen den Vorschlag zur Punktewertung. Neben den überforderten Schiedsrichtern wurde eine „Protestwut infolge der Punktewertung“ (Freie Sportwoche 1921, Nr. 11, 89) befürchtet. Ohnehin ging in dieser Zeit in manchen Kreisen kein Spiel zu Ende, ohne dass nicht nachher

Protest eingelegt wurde, ganz abgesehen von den Spielabbrüchen (vgl. Freie Sportwoche 1921, Nr. 11, 89). Vor allem gegen Saisonende häuften sich die Proteste unterlegener Mannschaften derart, dass zu den Meisterschaftsspielen bereits im Voraus Protestkommissionen gebildet wurden (vgl. Freie Sportwoche 1921, Nr. 33, 348). Ein Autor der Freien Sportwoche schrieb: „Was werden nicht alles für Gründe angeführt: Der Ball war entweder 50 Gramm zu leicht oder zu schwer, er hatte nicht genau den vorgeschriebenen Durchmesser (...), das Tor war 10cm zu klein oder zu groß, der Mittelkreis hatte nur 8,95 statt 9m Halbmesser usw (...)" (Freie Sportwoche 1920, Nr. 33, 259). Die Protestfreudigkeit der ATSB-Vereine hielt an, die Diskussion um die sogenannte Punktewertung nahm im Jahr 1921 ein Ende – vorerst. Denn mit dem Text „Es muß also schon bleiben wie bisher" (Freie Sportwoche 1921, Nr. 9, 71) veröffentlichte die Freie Sportwoche einen zusammenfassenden Bericht, der derart gravierende Einschnitte in das Regelwerk des Fußballs abwies und stattdessen an die Schulung der Fußballspieler glaubte. Die Ursache der Missstände, so dachten die Funktionäre, läge in der Indifferenz etlicher Fußballer gegenüber der Bundesgeschichte und der Bewegung insgesamt. Man warf ihnen vor, sich vom Vereinsleben auszugrenzen und sich ausschließlich mit den eigenen Spielen zu befassen. Durch eine umfassende Erziehung sollten die Fußballer ihr Verhalten bessern und auch die ‚Verrohung' auf dem Platz gestoppt werden. „Es wird in unseren Vereinen zum übergroßen Teil eben lediglich gespielt", beklagte die Freie Sportwoche (1921, Nr. 21, 166).

Der Fußball im ATSB hatte sich also bereits in den Anfangsjahren der Weimarer Republik mit Problemen auseinanderzusetzen, die gerade am ‚bürgerlichen' Fußball kritisiert wurden. Und diese beschränkten sich nicht lediglich auf die überharte Spielweise, sondern betrafen auch den „Lokalpatriotismus" und „Vereinsfanatismus" (vgl. Freie Sportwoche 1921, Nr. 42, 324). Solch ein Verhalten wurde als „sportwidrig" (Freie Sportpresse 1921, Nr. 44, 348) kritisiert. Sich regelmäßig wiederholende Aufrufe nach mehr Disziplin im Fußballsport, stets abgedruckt in der Freien Sportwoche, konnten die Sportmoral im Arbeiterfußball genauso wenig verbessern, wie die Einrichtung von technischen Kursen auf Bundes-, Kreis- und Bezirksebene sowie der Ausbau des Technikerwesens. Beinahe verzweifelt klagte die Freie Sportwoche (1926, Nr. 14, 194): „Hergott, man könnte außer sich werden, wenn man immer wieder feststellen muß, daß alles Geschreibsel, Gerede, Bestrafen usw. keinen Zweck hat, daß immer wieder Extreme da sind, die einem totsicheren Abgrund entgegensteuern." Der Autor fragt daraufhin: „Wann endlich geht unseren Fußballern ein Licht auf? Wann wird der Geist von Frankfurt in eure Fußballgemüter einziehen?" Womit er auf den olympischen Gedanken und die nicht nur in seinen Augen gelungene erste Arbeiterolympiade von 1925 anspielte. Eine Besserung der Verhältnisse war nicht in Sicht. Auch 1927 stellte die Freie Sportwoche (Nr. 15, 231) fest, dass „noch einige in unseren Reihen sind, die sehen im Fußball (...) eine Gelegenheit, ihre ganz an das Tier erinnernde Roheit darin zum Ausdruck zu bringen". „Mit der Mistgabel erschlagen – Blutiges Ende eines Fußballspiels" schlagzeilte die Freie Sportwoche (1931, 237). Danach kam es im November 1930 nach dem Spiel zwischen Eisenbach und Sulzbach zu einer Auseinandersetzung im örtlichen Wirtshaus. Eine Schlägerei entbrannte, wobei ein Mann tödlich verletzt wurde. Er wurde mit einer Mistgabel erstochen. Keinesfalls handelte es sich hierbei um einen Einzelfall. Berichte über gewalttätige Auseinandersetzungen im Umfeld des Arbeiterfußballs – wenn auch weniger drastisch als der oben beschriebene Fall – lassen sich für jedes Jahr des Bestehens der Fußballsparte nachweisen.

Ein Artikel aus dem Jahr 1931, also elf Jahre nachdem sich die Freie Sportwoche erstmals mit der Problematik befasst hatte, trägt den Titel „Von unserer Spielkultur" und berichtet ebenfalls über Prügeleien, Beleidigungen, Verfehlungen von Spielern und Protesten. „Die Klagen häufen sich, daß unsere Spielweise auf den Spielfeldern immer unschöner wird, daß Ausschreitungen – Unhöflichkeiten immer mehr um sich greifen" (Freie Sportwoche 1931, Nr. 47, 601), heißt es da. Dabei galt die Regelauslegung der ATSB-Schiedsrichter strenger als im ‚bürgerlichen' Fußball. Deutlich häufiger würden Spieler verwarnt oder gar herausgestellt werden. Dies aber resultiere notwendigerweise aus den unterschiedlichen „Idealen über Volkssport" (Freie Sportwoche 1927, Nr. 29, 449). „Darum sprechen auch die Bürgerlichen von ‚zu weicher Spielweise' bei uns", schrieb die Freie Sportwoche (1927, Nr. 29, 449). Allerdings ließen sich die Arbeiterfußballer diesen Vorwurf gerne gefallen. Lieber spiele man zu weich als zu hart. Denn: „Der Wert des Spielers steckt nicht in der möglichst groben Kraft und Rücksichtslosigkeit, sondern in guten Starts, rasenden Läufern, hohen Sprüngen, gewandten Drehungen, guter Balltechnik, Umsicht, Geistesgegenwart und selbstlosem Zusammenspiel" (Freie Sportwoche 1927, Nr. 29, 449).

Also: Das Problem der sogenannten Verrohung des Spiels bestand ungebrochen und war den Verantwortlichen durchaus bewusst. Dabei unterschieden sich die Lösungsvorschläge Anfang der 1930er nicht von denen aus den frühen 1920er Jahren. So hieß es: „Wie wäre es denn mit folgendem, was Spieler selbst angeregt haben, daß nicht die Tore, sondern das Können, die Technik der Mannschaft entscheiden soll, daß die Spielmannschaften nach ihren Leistungen bewertet werden, genau wie man Geräteturner wertet nach Punkten" (Freie Sportwoche 1931, Nr. 47, 601). Erneut sollte also das Torsystem ersetzt werden durch das Punktesystem, das bereits 1921 einmal abgelehnt worden war. Weiter fordert der Autor dazu auf, endlich mit der Erziehungsarbeit zu beginnen: „Wir müssen uns mehr denn je um die Spieler kümmern, sie von dem Wert und Zweck ihres Spielens überzeugen, um sie zu wahrer Spielkultur zu bringen. (...) Jeder Spieler muß mindestens einmal in der Woche Teilnehmer an den Übungsstunden seines Vereins sein" (Freie Sportwoche 1931, Nr. 47, 601).

Auch dieser Forderung war bereits vielfach Anfang der 1920er Jahre Ausdruck verliehen worden.

Daher lässt sich insgesamt festhalten, dass ein auf Solidarität beruhendes Sportverhalten – wie es in Abgrenzung zu den bürgerlichen Vereinen immer wieder eingefordert wurde – von den Arbeiterfußballern bis in die letzten Tage des Bestehens ihrer Sparte unerreicht blieb und die Praxis sogar teilweise dem ‚bürgerlichen' Fußball entlehnt war.

Das lässt sich auch anhand der Diskussion um die Einführung der Ligaspiele nach Stärkeklassen aufzeigen, die ab 1921 nahezu gleichzeitig mit der Auseinandersetzung um eine Punktwertung geführt wurde. Der Streit drehte sich um die Tatsache, dass im Arbeiterfußball, genauso wie im DFB, Mannschaften ähnlicher Spielstärke in einer Liga zusammen spielten. Diese Ligen wiederum staffelten sich nach Leistung. Ein Beweggrund dafür war, dass durch die ausgeglichenen Partien die jeweilige Spielfähigkeit und das technische Können aller Mannschaften von ihrem jeweiligen Ausgangslevel angehoben werden würden. Die Kritik an diesem System speiste sich aus dem ideologischen Selbstverständnis der Arbeitersportler. So hieß es in der Freien Sportwoche (1921, Nr. 7, 53): „Auf der einen Seite verurteilen wir im gewöhnlichen Leben die Gegensätze, auf sportlichem Gebiet richten wir sie auf und stempeln die Mehrzahl unserer Sportgenossen als Sportler niederen Grades (...).“ Zwar erkannten auch die Befürworter des Ligasystems nach Leistungsklassen diese Einwände, jedoch wollten sie sich dennoch nicht davon überzeugen lassen. Mehr Gewicht hätte ihre Argumentation. Danach würde das Interesse der Zuschauer am Fußball abnehmen, wenn eine spielstarke Mannschaft gezwungen wäre, ständig gegen technisch unterlegene Gegner spielen zu müssen. Der Zuschauerzuspruch sei jedoch von höchster Bedeutung, nicht nur „als Eintritt zahlende Erhalter unserer Sportplätze, sondern auch als Konkurrenzmasse gegenüber der bürgerlichen Bewegung“ (Freie Sportwoche 1926, Nr. 8, 111). Deshalb müsse auch der Arbeiterfußball zwingend nach dem Leistungsprinzip gespielt werden, um mit den bürgerlichen Vereinen auch weiterhin konkurrieren zu können (vgl. Freie Sportwoche 1926, Nr. 8, 111). Vom leistungsbezogenen Ligasystem verabschiedete sich der ATSB-Fußball fortan nicht mehr.

IV Die ATSB-Fußballsparte in der Auseinandersetzung mit dem DFB

IV.1 Die Inszenierung des Spiels

Ein Wort, das es damals noch gar nicht gab: Inszenierung. Verständlich, denn das Phänomen der medialen Darstellung des Fußballs war neu, begann sich gerade erst herauszubilden und war daher eine große Unbekannte, nicht nur im Sport, sondern auch in der Politik. Ein Begriff war noch nicht geboren, der diese frühe Entwicklung hätte fassen können. Tatsächlich tauchte das Wort kein einziges Mal auf in den durchgesehenen Nummern der Freien Sportwoche und dennoch entluden sich etliche Diskussionen innerhalb des Arbeiterfußballs an diesem Thema, deren Verläufe im Folgenden dargestellt werden.

Doch was bedeutet überhaupt Inszenierung in diesem Zusammenhang? Zunächst ein kurzer Blick auf die Entwicklung der Kultur der Weimarer Republik. Denn der Aufstieg des Fußballs zum Massensport (vgl. Kapitel III.1) war eingebettet in eine Zeit des allgemeinen kulturellen Aufschwungs, der sogenannten ‚Goldenen Zwanziger'. Trotz aller politischen und wirtschaftlichen Miseren dieser Jahre entfaltete sich ein neues Lebensgefühl, das schöpferische und geistige Kräfte in großer Vielfalt entstehen ließ (vgl. Kolb 2002, 95). Ob Theater, Literatur, Kunst, Architektur oder Musik – die Kultur der Republik bestand aus zahlreichen Avantgardebewegungen, als deren kreativer Ursprung Berlin galt. Der Beschleunigungsprozess in der Veränderung der Lebens- und Wertvorstellungen der Weimarer Zeit insgesamt wurde hier am deutlichsten (vgl. Kolb 2002, 106). Zudem stellte Berlin die größte und vielfältigste Zeitungsstadt der Republik und besaß die meisten Lichtspielhäuser. Ohnehin waren es die Medien, die, neben der künstlerischen Avantgarde, dazu beitrugen, dass eine moderne Massenkultur entstand (vgl. Kolb 2002, 106).

Zwar stellte die Presse bereits in den Vorkriegsjahren ein einflussreiches Massenkommunikationsmittel dar, allerdings expandierte sie erst nach dem Ersten Weltkrieg derart gewaltig. Zudem erlebte der Film einen rasanten Aufstieg, zumal er vertont daherkam, und neue Typen von Presseerzeugnissen drängten auf den Markt. Hinzu kam der Rundfunk als gänzlich neues Kommunikationsmittel. In den Jahren der Weimarer Republik entstand also eine besondere, neue Populärkultur, die vor allem durch die Ausbildung dieser modernen Massenmedien gekennzeichnet war. Fortan bestimmten sie das politische, das kulturelle und das Alltagsleben der Deutschen nachhaltig (vgl. Kolb 2002, 106). Auch im Sport spiegelte sich diese Entwicklung wider. Die „Blüte der Sportpresse" (Eggers 2007, 14) fiel genau in diese Jahre. Bis spätestens 1925 hatte sich das Sportressort in allen Zeitungen fest etabliert, selbst in eher intellektuellen Blättern wie der Vossischen Zeitung. Deren Sportchef Willy Meisl schrieb 1925, dass „fast kein großes Blatt (...) ohne mehr oder minder umfangreiche Sportabteilung" auskomme (z.n. Eggers 2007, 15).

Wie aber gingen die Arbeiterfußballer mit dem Bedeutungsgewinn der Massenmedien um? Verstanden es die ATSB-Fußballer, ihren Sport medial zu inszenieren; sprich den Vortrieb der Zeit zu nutzen, um nicht nur ihren Fußball, sondern auch ihre Ziele, Vorhaben und Ideale zu kommunizieren? In Abgrenzung zum DFB wird beantwortet, welche grundsätzlichen Überlegungen zur Präsentation des Arbeiterfußballs angestellt wurden, wie sie diskutiert wurden und welche Umsetzung sie letztlich fanden.

Zunächst verstand sich die Arbeitersportpresse, ganz im Selbstverständnis der Arbeitersportbewegung stehend, als ein Medium, das im sozialistischen Sinne zur Erziehung beitragen sollte (vgl. Freie Sportwoche 1921, Nr. 25, 195). Dadurch ergab sich für die Sportzeitungen sowie für die Sportseiten der sozialdemokratischen Tagespresse, dass sie nicht nur ein Spiegelbild des Arbeitersports, sondern auch „das bindende Glied aller Teile unserer Spiel- und Sportbewegung“ (Freie Sportwoche 1921, Nr. 47, 361) darstellen sollten. Die Sportberichterstattung hatte also das Allgemeininteresse der Arbeitersportbewegung zu treffen und sich nicht bloß an den Interessen der einzelnen Sparten auszurichten (vgl. Freie Sportwoche 1921, Nr. 25, 195). Die Sportberichte sollten wiederum eingebettet werden in die Gesamtberichterstattung, so dass auch für Nichtsportler die Sportseiten Nutzen brächten (vgl. Freie Sportwoche 1921, Nr. 25, 195). Für eine gelungene Fußballberichterstattung lauteten danach die Vorgaben: „Das Spielresultat spiele dabei eine ganz untergeordnete Rolle, ebenso der Verlauf. In knappen Zügen ist die Situation (...) zu schildern, die Aussichten zu prophezeien (möglichst richtig!) und mit Witz, Satire, und belehrender Kritik kann so ein Artikel geschmückt sein“ (Freie Sportwoche 1921, Nr. 7, 49). Soweit die Theorie.

Tatsächlich aber plagten die Arbeitersportpresse – so auch die Freie Sportwoche – in den frühen 1920er Jahren vor allem ganz praktische Sorgen: Denn wegen der schlechten Schulbildung konnte die Arbeiterschaft „herzlich wenig federgewandte Genossen aufweisen. Der bürgerliche Sport ist darin glücklicher“ (Freie Sportwoche 1927, Nr. 46, 721), lautete das einvernehmliche Urteil. Die Artikel aus dieser Zeit lesen sich häufig zähflüssig oder kommen mit orthographischen sowie grammatikalischen Fehlern daher trotz redaktioneller Korrekturen. Um das Niveau zu heben, schrieb die Fußballsparte journalistische Wettbewerbe auf Kreisebene aus. Dadurch sollten geeignete Fußballberichterstatter gefunden werden, die dann auch über größere Veranstaltungen für die ATSB-Zeitungen schreiben sollten (vgl. Freie Sportwoche 1927, Nr. 32, 502). Auf Bundesebene fanden sogenannte Berichterstatterkurse statt, die allerdings wenig Beachtung bei den Arbeiterfußballern fanden. Im November 1928 musste ein

Kurs ausfallen, weil sich nur acht Teilnehmer für den dreitägigen Lehrgang gemeldet hatten (vgl. Freie Sportwoche 1928, Nr. 49, 803), so dass für das Folgejahr lediglich ein Kurs festgelegt wurde. Während sich die Fußballsparte des ATSB noch bemühte, geeignete Schreiber zu akquirieren, gründete sich bereits 1927 der Verein Deutsche Sportpresse (später umbenannt in Deutscher Sportpresse-Verband) als Zusammenschluss einer Interessengemeinschaft bürgerlicher Sportjournalisten (vgl. Eggers 2007, 14).

Abgesehen von den stilistischen Schwierigkeiten zu Beginn der 1920er Jahre, stand die Fußballberichterstattung der Freien Sportwoche im Ruf tendenziös, parteiisch und einseitig auszufallen. „Mir sind Sportjournalisten bekannt, die schon mit dem fertigen Spielbericht auf den Platz kommen", schrieb ein Leser an die Freie Sportwoche (1926, Nr. 48, 736). Häufig verfassten nicht die gewählten Bezirksberichterstatter oder andere Funktionäre die Artikel, sondern Vereinsangehörige selber. Und: „Wer will von einem Vereinsfanatiker verlangen, daß er die Sachlage objektiver überschaut?" (Freie Sportwoche 1921, Nr. 47, 361).

Als ob die Voraussetzungen für einen qualitativ hochwertigen Fußballjournalismus ohnehin nicht schon schlecht genug waren, erhöhte die Freie Sportwoche ihren Anspruch an die eigene Berichterstattung ab Mitte der 1920er Jahre. Die Artikel sollten nicht lediglich die Spielereignisse nacherzählen, sondern „die tatsächlichen Empfindungen des Spielers in recht einfachen und klaren Sätzen ausdrücken" (Freie Sportwoche 1926, Nr. 48, 736). Dabei galt als nebensächlich zu erwähnen, wann die Tore fielen, wann sich ein Spieler verletzte oder wer vom Platz gestellt wurde. Auch eine Uhr bräuchte man für einen guten Fußballbericht nicht, schrieb die Freie Sportwoche (vgl. 1926, Nr. 48, 736). Jedoch wurden auch klagende Töne der schreibenden Arbeiter laut. Zu sehr würden sie, die Laienverfasser, durch den ideologischen Überbau in ihrer Fußballberichterstattung eingeschränkt. Auf Nennung der Spielernamen mussten sie (vorerst) verzichten, das Ergebnis galt als sekundär und Fotos von Spielern und Spielszenen wurden erst ab 1928 gedruckt. Daher bedauerten sie, dass „wichtige Hilfsmittel zur Interessantgestaltung des Sportteiles aus erzieherischen und Weltanschauungsgründen verboten“ (Freie Sportwoche 1926, Nr. 49, 751) wären.

Um einen Eindruck von der Fußballberichterstattung zu Beginn der 1920er Jahre zu erhalten, sei hier der Spielbericht über das Endspiel der Bundesmeisterschaft 1922 zwischen dem Dresdener SV 1910 und Stern Breslau in Auszügen zitiert:

„Jeder wusste es, daß der Dresdner Sportverein der diesjährige Bundesmeister werden würde. – Jeder. – Die ganze Folge von Bezirksserienspielen von Kreis- und Verbandsmeisterschaften, ließ einfach keinen anderen ‚Tip‘ zu. (...) Nachdem also das Endspiel wegen des zweimaligen Austragens eines Vorrundenspieles um einige Wochen verschoben worden war, fand es nunmehr am 26. Juli, dem ersten Tage des sächsischen Kreissportfestes, in der Dresdner Städt. Kampfbahn statt. Die Vorkämpfe der sächsischen Leichtathleten, die schon am Sonnabend mit ihrer Arbeit beginnen mußten, boten eine sehr gelungene Abwechselung für die immer größer und größer werdende Zuschauermenge, und als pünktlich ½6 Uhr die beiden Mannschaften auf dem Platze erschienen, mochten so gegen 9000 Personen anwesend sein. Zum nicht geringen Teil auch ‚bürgerliche Sportanhänger‘, die vielleicht das Endspiel um die Deutsche Meisterschaft, das ja bei ihnen fast nie ohne Roheit oder Schlägerei durchgeführt worden ist, angelockt hatte, (...) proletarischen Sport mit zu erleben. Und von Miterleben kann man tatsächlich sprechen. Oder sollte vielleicht das außerordentlich anständige Spiel, die vorbildliche Ruhe der Spieler und die Disziplin der Zuschauermenge ohne Eindruck auf sie geblieben sein? – Es wäre jammerschade! Wer die Güte und die Ziele des Arbeitersportes bei diesem Spiele nicht erkannt hat, der wird schließlich nie dahinter kommen. Das Spiel begann mit dem Anstoß der Breslauer und zeigte bereits nach wenigen Minuten beängstigende Überlegenheit der Dresdner, deren Stürmer aber recht ungenau schossen. Wahrscheinlich infolge des schlüpfrigen Bodens, der überhaupt dem gesamten Spiel den Stempel der Unsicherheit aufdrückte. Der Erfolg der fortwährenden Angriffe auf das Breslauer Tor waren vorerst Eckbälle, die zum Teil von dem glänzend arbeitenden Tormann verschuldet wurden, der einige gefährliche Schüsse über oder neben den Pfosten lenkte. Ein solcher Eckball aber wurde zum Verhängnis. Nachdem ihn der Torwart schon einmal abgewehrt hatte, konnte er den wieder auf das Tor geköpften Ball beim Sprung nach der Seite aber nur ins eigene Tor fausten. Diesem Erfolg folgte bald ein zweiter, ein unhaltbarer, an dem der rechter Verteidiger dadurch schuld war, daß er den Linksaußen ungehindert durchlaufen und flanken ließ. Die bildsaubere Flanke nahm der Halbrechte in Empfang und verwandelte ungemein scharf. Dann kam ein Durchbruch des Breslauer Sturmes un eine Glanzleistung des Dresdner Torhüters, der einen unverhofften, flachen Schuß in die Ecke durch kraftvolles, entschlossenes Hinwerfen hielt“ (Freie Sportwoche 1922, Nr. 15, 148).

Bis 1927 verzichtete die Freie Sportwoche weiterhin auf die Namensnennung der Spieler nach dem oben gezeigten Beispiel. Dann aber, als die Bundesauswahl in einem der sogenannten ‚Russenspiele‘ ihre sozialistischen Brüder empfing, druckte die Zeitung erstmalig eine komplette Mannschaftsaufstellung mit sämtlichen Spielernamen ab (vgl. Freie Sportwoche 1927, Nr. 27, 429). Die Freie Sportwoche (1926, Nr. 49, 751) befand zu dieser Zeit: „Ein guter Sportteil hatte sich haarscharf auf der Schneide zwischen interessanter erlaubter Darstellung und unerlaubter bürgerlicher Ideologie zu bewegen“. Die Zeitung übernahm in diesem Fall eine eigentlich als bürgerlich verpönte Darstellungsform, um ihren Lesern den Fußball zu präsentieren. Ein Trend, der sich weiter verstärkte. In Vorbereitung auf die zweite Arbeiterolympiade 1931 in Wien wurden sogar die einsetzbaren Spieler im Blatt auf ihre Vorzüge und Schwächen hin diskutiert (vgl. Freie Sportwoche 1931, 327). Der Fußball-Stürmer, der ab 1932 die Freie Sportwoche ersetzte, zeigte Portraitfotos einzelner Spieler und verzichtete auch in den Bildunterschriften nicht mehr auf die Nennung von Spielernamen. Ab 1928 fügte die Freie Sportwoche auch kleinformatige Fotos in den Fließtext ein und druckte Illustrationen, zumeist nachgezeichnete Spielszenen. Im Jahr 1932 wurde Fritz Wildung in einem ausführlichen Portrait für seine 25-jährige Vorstandsarbeit im Bund gewürdigt, ein zuvor völlig ungebräuchliches Stilmittel der Zeitung (vgl. Fußball-Stürmer 1932, Nr. 8, 115) – allesamt Hinweise auf die zunehmende personalisierende Fußballberichterstattung der Freien Sportwoche seit Mitte der 1920er Jahre.

Die ‚bürgerliche‘ Presse setzte bereits in den frühen 1920er Jahren auf die personalisierende Berichterstattung. So schrieb die Zeitung ‚Fußball' über den herausragenden Torwart des 1. FC Nürnberg: „Persönlich ist Stuhlfauth von aufrechtem, geraden Charakter. Er liebt nicht den Firlefanz dieser Welt (...). Niemals spricht er ruhmredig über seine sportlichen Erfolge, wie dies eines echten Sportsmannes würdig ist" (z.n. Oswald 2007, 86). Die Sportzeitung ‚Der Kicker' charakterisierte den Dresdner Fußballer Richard Hofmann 1930 auf ähnliche Weise: „Denn im persönlichen Verkehr ist Hofmann ein überaus bescheidener Mensch, der von seinem Sportruhme durchaus nicht angekränkelt ist" (z.n. Oswald 2007, 86). Das sogenannte Starportrait war in der bürgerlichen Sportpresse also durchaus beliebt und diente nach Oswald (2007, 86) der bewussten Konstruktion eines (männlichen) Jugendidols.

In den bürgerlichen Sportzeitungen sahen die Arbeitersportzeitungen anfänglich einzig einen „effekthaschenden Klimbim und Personenkultus (...) für das sensationshungrige Publikum" (Freie Sportwoche 1921, Nr. 25, 195), die sich zum Ziel setzten, die Arbeiter von den ernsten Fragen, nämlich dem Kampf Kapital gegen Arbeit, abzulenken (vgl. Freie Sportwoche 1921, Nr. 25, 195).

Bisweilen druckte die Freie Sportwoche auch Auszüge aus bürgerlichen Zeitungen, vor allem dann, wenn sie über die eigenen Spiele berichteten. Bloß: Die Artikel wurden vorab redigiert. „Wir haben die Stellen des Berichtes gestrichen, die in echt bürgerlicher Manier die Spieler namentlich mit ihren Leistungen zum großen Teil lobhudelnd aufführen," stand unter einem Artikelauszug der Sportzeitung ‚Kampf' über das Endspiel der Bundesmeisterschaft 1925. „Wir kennen keinen Personenkultus. Der allerbeste Spieler gilt nichts bei uns, wenn er nicht auch sonst vorbildlicher Arbeitersportler ist" (Freie Sportwoche 1925, Nr. 28, 309). Interessant an dem Textauszug ist das Angebot an den unlängst zum Bundesmeister gekürten Dresdner SV 1910, doch einmal gegen einen Verein des DFB zu spielen. Ganz sicher, brächte ein „derartiger Kampf" einen „großen Erfolg in sportlicher und finanzieller Sicht“ (Freie Sportwoche 1925, Nr. 28, 309). Die Arbeitersportler sahen in der Einladung des Autors zu einem Wettspiel zwischen dem ATSB-Meister und einem DFB-Verein lediglich das typische bürgerliche Sportverständnis von Gewinnorientierung und Sensationsgier bestätigt. Die Offerte wurde ausgeschlagen, denn „über dem Gelde steht unsere Ehre als zielklare Klassenkämpfer“ (Freie Sportwoche 1925, Nr. 28, 309). In dem kurzen Exkurs zeigen sich gleich drei Charakteristika des DFB-Fußballs. Erstens: das bereits ausgeprägte kommerzielle Denken; zweitens: der bewusste Einsatz der Sportpresse als Propagandainstrument und drittens: das Selbstverständnis, wonach die Attraktivität des Spiels aus dem vergleichenden Wettbewerb entsteht.

Auch wenn sich der Fußball-Duktus ähnelte – sie waren beide militärisch gefärbt und übernahmen zunächst englische Begriffe wie ‚Goal‘ oder ‚Kick‘– überwogen die Tendenzen zur Sensationsberichterstattung deutlich im bürgerlichen Sportjournalismus (vgl. Oswald 2007, 85). Wenn bürgerliche Blätter über „Kanaldurchschwimmungen und sonstige Sensationen“ berichteten, fragte die Freie Sportwoche (1926, Nr. 39, 591) nach dem Sinn solcher Aktionen und stellte fest: Mit Leibesübungen habe dies nichts zu tun. Zudem verwiesen sie auf das viele Geld, das die Rekordsucht befeuerte. Der bürgerliche Sportjournalismus, so lautete die Meinung, schnitte seine Berichterstattung bewusst auf Sensationen und Personen zu, höbe die Veranstaltungen „mit ungeheurem Wortschwall“ (Freie Sportwoche 1926, Nr. 43, 657) über ihre Bedeutung hinaus und tendiere zur Subjektivität. Und dennoch vermöge er, als Instrument des bürgerlichen Sports, „erhebliche Anhängerscharen zu fesseln“, gestand selbst die Freie Sportwoche (1926, Nr. 43, 657). Doch konnten sie auch bereits das Ende dieser Art des Journalismus ausmachen, indem sie auf den Erkenntnisgewinn durch Erziehung bauten. Denn: „Das Volk wird, sofern es mit besserer Bildung ausgestattet (...), einmal einsehen lernen, daß die bürgerliche Schreibweise im Sport auf Abwege gerät. (...) Wenn sich die Stilistik überspannt und zu Lächerlichkeiten führt, dann ist der Beginn eines Verfalles bürgerlicher Sportjournalistik gekommen“ (Freie Sportwoche 1926, Nr. 43, 657). Fünf Jahre später, 1931, klang das schon anders und manche Passagen lesen sich wie ein Eingeständnis an die Überlegenheit der ‚bürgerlichen‘ sportjournalistischen Praxis: „Die moderne Entwicklung der Tagespresse zeigt uns, daß einfach nicht an großen Sportereignissen, wo zig Tausende dran interessiert sind, vorübergegangen werden kann“ (Freie Sportwoche 1931, 303).

Vor dem Eingeständnis, das begleitet wurde durch eine zunehmende Annäherung an bürgerliche Sportzeitungen, diskutierte die Freie Sportwoche die Bedeutung des Sportjournalismus im Allgemeinen und des Fußballjournalismus im Besonderen für die Presse. Wie viel Platz dürfe der Fußballberichterstattung gewidmet werden, lautete die Frage. Bereits 1921 bildete sich eine Opposition gegen die als unverhältnismäßig empfundene Fußballberichterstattung. Der Inhalt der Artikel sei schließlich ohne Allgemeinwert und zu sportartspezifisch, lautete eine Begründung (vgl. Freie Sportwoche 1921, Nr. 25, 195). Die Fußballer hingegen mokierten sich über allzu allgemeine Artikel über das „Edle und Schöne des Sportes“ in der Freien Sportwoche. Solche Texte würden in den Sparten „weder in organisatorischer noch technischer Hinsicht für die Weiterentwicklung“ sorgen (Freie Sportwoche 1921, Nr. 47, 361).

Auch die Erweiterung der Zeitung von 12 auf 16 Seiten im Jahr 1926 löste die sogenannte ‚Raumfrage‘ der Freien Sportwoche nicht. Noch immer hätte das Blatt „allzu viele Aufgaben“, so dass eingesandte Artikel wieder und wieder in den Papierkorb verschwinden müssten, argumentierte die Redaktion. Daher rührte auch der Appell, nur Spielberichte von Fußball- und Turnspielen erstklassiger Mannschaften einzuschicken (vgl. Freie Sportwoche 1925, Nr. 4, 26). Allerdings klagten die Berichterstatter über das rigide Verhalten, Artikel einfach zu streichen. Die meisten Berichterstatter seien „eben nur Arbeiter, die den ganzen Tag über schwere körperliche

Arbeiten in den Fabriken leisten müssen, und über keinerlei journalistische Vorbildung verfügen“ (Freie Sportwoche 1927, Nr. 36, 564). Das Verhalten der Zeitung sei kein Ansporn; es entmutige die meist freiwillig arbeitenden Berichterstatter.

Hinzu kam ein akuter Leserschwund der Bundespresse, der bereits 1921 einsetzte. Die drei größten Bundesorgane Arbeiter-Turnzeitung, Freie Sportwoche und die Freie Turnerin zählten im selben Jahr 95.000 Leser. Rechnerisch lasen demnach elf Bundesangehörige zwei Ausgaben einer Bundeszeitung. 1914 lasen aber von vier Mitgliedern drei eine dieser Zeitungen (vgl. Freie Sportwoche 1921, Nr. 41, 317). Dennoch waren die Arbeitersportler nicht lesefaul geworden. Der Trend täuscht, weil zum einen vermehrt die regionalen Kreis- und Bezirkszeitungen gelesen wurden. Diese Blätter waren günstiger. Sie bestanden tatsächlich häufig nur aus einer oder zwei bedruckten Seiten, die aneinander geheftet wurden. Allerdings besaßen sie zu Beginn der 1920er Jahre keinesfalls den Charakter einer Zeitung, sollten jedoch stetig verbessert werden (vgl. Freie Sportwoche 1921, Nr. 41, 317). Außerdem finanzierten sie sich teilweise durch Inserate für bürgerliche Geschäfte, was eigentlich der Bundespresse strikt verboten war (vgl. Freie Sportwoche 1921, Nr. 41, 317). Viele Fußballvereine, so meldete die Freie Sportwoche, verzichteten auch wegen der ansteigenden Abonnementpreise auf eine Bundeszeitung. Kreis geht vor Bund, das galt per Bundesbeschluss auch für den Bezug von ATSB-Zeitungen. Zum anderen lasen die Arbeitersportler aber auch in zunehmender Zahl die bürgerliche Sportpresse und verursachten so den Leserschwund der eigenen Sportpresse. Trotz der steten Hinweise, dass, wer eine bürgerliche Sportzeitung liest, den Feind unterstütze, waren die bürgerlichen Sportzeitungen bei den Arbeitern beliebt (vgl. Freie Sportwoche 1926, Nr. 3, 32). „Auch bei uns in Bielefeld ist das der Fall“, schrieb ein Leser der Freien Sportwoche (1926, Nr. 18, 269) und bemerkte: „Tausende Arbeitersportler lesen jeden Montag die bürgerlichen

Zeitungen. (...) Wir lesen ja nur den Sport – Die Arbeiterzeitungen bringen doch kaum etwas, sagen sie." Tatsächlich war es eine Strategie des DFB, möglichst viele Presseorgane über den eigenen Fußball berichten zu lassen. Bereits seit 1907 war dies ein durchaus übliches Verfahren und hatte seinen Grund darin, „das Orchester der Presse harmonisch für das Ohr des DFB erklingen zu lassen" (Eggers 2001, 140f.). Im Jahr 1925 hatte der DFB 18 unmittelbar „dienende Zeitschriften" (Eggers 2001, 140), die als Organe des Verbandes fungierten und unter anderem auch offizielle Mitteilungen des DFB publik machten.

In der Freien Sportwoche sowie generell in der sozialdemokratischen Presse, sorgten Artikel über den ‚bürgerlichen' Fußball für Streit. Der Vorwurf lautete, dass durch die werbende Berichterstattung junge Arbeitersportler an ihrer eigenen Organisation zweifeln würden (vgl. Freie Sportwoche 1927, Nr. 38, 597). Eine Anschuldigung, die die Freie Sportwoche prompt zurückwies und auf die bereits beschriebene schlechte Berichterstattung durch die Arbeiterfußballer verwies. Diese würden sehr unregelmäßig und arg kurze Berichte einschicken (vgl. Freie Sportwoche 1931, 303).

Auch im Verlauf dieser Diskussion stand das (indirekte) Eingeständnis an die organisatorische und qualitative Unterlegenheit der Arbeitersportpresse gegenüber der bürgerlichen Sportpresse. Es könne nicht stimmen, dass die Bewegung „so weit hinter den Bürgerlichen und der Zeit selbst zurückgeblieben ist" (Freie Sportwoche 1927, Nr. 44, 689). Allein auf dem Markt der Tagespresse waren rund 5000 bürgerliche Zeitungen, hingegen lediglich 190 sozialdemokratische Tageszeitungen mit eigenem Sportteil vertreten (vgl. Freie Sportwoche 1931, 669). Allerdings war auch der DFB nicht vollauf zufrieden mit ‚seiner' Tagespresse. Dort würde „die sensationelle Hervorhebung des Einzelnen (...) zu einer beträchtlichen Begriffsverwirrung" führen und allgemein das Sportgeschehen zuweilen nicht treffend wiedergeben (DFB-Jahrbuch 1930; z.n. Eggers 2001, 142).

Doch die Arbeiterfußballer sahen ein Ungleichgewicht in der Präsentation ihres Sports in der Presse. Das läge auch an der „passiven Resistenz“ der Bundeszentrale (Freie Sportwoche 1927, Nr. 44, 689), die die Arbeitersportzeitungen zu wenig unterstütze und so eine Besserung unmöglich mache. Die Auflage der Freien Sportwoche sank bis zum Jahr 1927 nach eigenen Angaben von über 16.000 auf weniger als 8000 Exemplare (vgl. Freie Sportwoche 1927, Nr. 44, 690). Gewiss fiel der Blätterschwund in eine wirtschaftlich schwierige Zeit, jedoch wurde die Lösung des Problems zunächst eher im organisatorischen und weniger im inhaltlichen Bereich gesucht.

Danach standen sich zwei Auffassungen gegenüber: Auf der einen Seite sollte sich der Bund wesentlich entschiedener im Pressewesen engagieren, die Zeitungen des Bundes stärker finanziell fördern und jeder Sparte sein eigenes Blatt selbstverantwortlich übertragen (vgl. Freie Sportwoche 1927, Nr. 44, 689). Dieser Vorschlag orientierte sich an der Werbezentrale des DFB, die bereits 1925 als Dachverband gegründet worden war, um Presse, Film und Rundfunk zentral zu koordinieren (vgl. Eggers 2001, 139). Auf der anderen Seite stand die Idee, die sozialdemokratischen Tageszeitungen soweit für sich zu erobern, dass der Bund auf seine eigenen Zeitungen gänzlich verzichten könnte (vgl. Freie Sportwoche 1927, Nr. 44, 689). Die sozialdemokratische Tagespresse sollte sich dazu verpflichten, genügend Raum („pro Woche mindestens vier Seiten“) für den Arbeitersport frei zu räumen und die Kosten der Berichterstattung selber zu übernehmen (vgl. Freie Sportwoche 1927, Nr. 44, 689). Hinter beiden Vorschlägen stand der Grundgedanke, möglichst viele Arbeitersportler (wieder) zum Lesen einer Bundeszeitung zu bewegen. Letztlich entzündete sich daran eine Diskussion, die unter der Überschrift „Spartenpressefimmmel“ (Freie Sportwoche 1927, Nr. 46, 722) geführt wurde. Denn jede einzelne Sparte fürchtete fortan um ihr eigenes Blatt bzw. um die Seitenanzahl für ihren Sport im Bundesblatt. Im Jahr 1931, die Freie Sportwoche zählte nach eigenen Angaben keine 5000 Abonnenten mehr, wurde der Fußball aus der Zeitung ausgegliedert und die Gründung eines moderneren Blattes, des ‚Fußball-Stürmer' als offizielle Bundeszeitung für Fußballspieler ab 1932 beschlossen. Die Freie Sportwoche war überfordert: „Da sie zu viele Aufgaben hat, kann sie niemand befriedigen" (Freie Sportwoche 1931, 575), hieß es in der Begründung für diesen Schritt.

So krankte der Fußball in der Arbeitersportpresse, hier die Freie Sportwoche, in der eigentlichen „Blüte der Sportpresse" (Eggers 2007, 14) vor allem an vier Symptomen. Erstens: dem späten Lösen vom allgemeinen sportjournalistischen Selbstverständnis des Arbeitersports, das der Presse offenkundig eine unzeitgemäße Präsentation des Spiels auferlegte. Zweitens: den wenig ausgebildeten Fußballjournalisten. Drittens: den innerorganisatorischen Streitigkeiten über eine gemeinsame Ausrichtung eines Bundespressewesens und viertens: der bürgerlichen Konkurrenz, die viele Arbeiter als Leser an sich band.

Dem ‚neuen' Medium Radio traten die ATSB-Fußballsparte sowie der DFB mit Skepsis gegenüber. Fußballreportagen aus den Stadien würden den Vereinen vor allem Zuschauer kosten, hieß es aus beiden Lagern. Dabei ging die erste Live-Sendung eines DFB-Fußballspiels, wenn auch begleitet von einigen technischen Schwierigkeiten, bereits im November 1925 über den Äther (vgl. Eggers 2001, 143). Der DFB antwortete schnell und beschnitt die Zahl der Radioübertragungen. Für die Saison 1928/29 erlaubte der Fußballbund lediglich die Übertragung des Endspiels sowie von drei Länderspielen (vgl. Eggers 2001, 144). Zudem betonte der DFB den ideellen „Verlust, wenn Spieler und Zuschauer nicht die Gemeinsamkeit des Erlebens in wechselseitiger Auswirkung in sich spüren" (DFB-Jahresbericht 1928/29, 25; z.n. Eggers 2001, 144). Der DFB fürchtete außerdem, einen neuen Typ Fußballfan zu befördern, nämlich den „auf dem Sofa liegenden, seine Zigarre rauchenden Fußballinteressenten" (Fußball 1927, Nr. 15, 16; z.n. Eggers 2001, 144). Ähnlich verhielt sich auch die ATSB-Fußballsparte gegenüber dem Radio. In Zusammenarbeit mit dem Arbeiter-Radioclub konnte im Januar 1925 zwar erstmalig eine Resultatsliste des Arbeiterfußballs aus dem Leipziger Bezirk dem Mitteldeutschen Rundfunksender übergeben werden. Und alle anderen Bezirke und Kreise wurden aufgefordert, für ihren Sendebereich gleichfalls die Meldungen der Ergebnisse in die Wege zu leiten (vgl. Freie Sportwoche 1925, Nr. 4, 28). Allerdings gab es keine Überlegungen, das Radio als ständigen Begleiter des Arbeiterfußballs fest zu installieren. Die erste Live-Berichterstattung eines ATSB-Fußballspiels in voller Länge gab es bei einem Spiel der sowjetischen Ländermannschaft in Deutschland, dies geht aus einer Sonderausgabe des ATSB hervor, die extra für diese sogenannten ‚Russenspiele' (vgl. 1927, 39) veröffentlicht wurde. Es darf davon ausgegangen werden, dass letztlich außer den Endspielen um die Bundesmeisterschaft auch im ATSB keine regelmäßige Radioberichterstattung stattfand. Programmhinweise einiger Radioübertragungen oder Sportsendungen tauchten erst ab 1932 im Fußball-Stürmer auf, nicht aber in den Jahren zuvor in der Freien Sportwoche.

IV.2 Die Amateurfrage und die Politik des ‚unpolitischen' DFB

Auf den ersten Blick waren sich die ATSB-Fußballsparte und der DFB einig: Geld und Fußball dürften nichts miteinander zu tun haben. Doch die gemeinsame Ablehnung des professionellen Fußballs, wie er in anderen Ländern Europas zur selben Zeit gerade entstand[14], beruhte auf unterschiedlichen Gründen, die im Folgenden aufgezeigt werden.

[14] England führte bereits im Jahr 1888 den bezahlten Fußball ein. Holland (1921), Österreich (1924), Ungarn (1925), die Tschechoslowakei (1926), Spanien (1926) und Frankreich (1929) folgten der strikten Trennung von Amateur- und Profifußball nach englischem Vorbild in den

Ganz aus seinem Selbstverständnis heraus, hielt die ATSB-Fußballsparte am Amateurstatus seiner Fußballer fest. Das Spielen in der Sparte durfte keinen anderen Zweck erfüllen als der Erziehung zum neuen, sozialistischen, freien Menschen. Dafür sei der sportliche Wettkampf allerdings ein ungeeignetes Mittel, weil er stets unvollkommen bleibe. Denn neben einigen „wertvollen Tugenden" entwickele er immer auch „Neid, Mißgunst, den Wunsch zu glänzen und seine Fähigkeiten in Geld umzusetzen" (Freie Sportwoche 1926, Nr. 48, 736). Die Arbeitersportler waren überzeugt, dass man auch ein ausgezeichneter Sportler sein könne, ohne jemals einen Rekord aufgestellt zu haben. Dabei sei ein guter, mittlerer Durchschnitt allemal besser als Spitzenleistungen, „bei deren Vollbringung oft die innerliche Ausbildung hinter der muskulösen zurückbleibt" (Freie Sportwoche 1926, Nr. 48, 736), war der Tenor vieler Schriften des Bundes und der Fußballsparte (vgl. Kapitel II.2). „Wir wollen versuchen, in unseren Reihen jene auszumerzen, die den Schalmeien des Profitums und des Rekords allzu leicht verfallen" (Freie Sportwoche 1926, Nr. 48, 736).

Denn die körperliche Ertüchtigung diene allein der Einheit von Körper und Geist. Ein gesunder Geist könne nur in einem gesunden Körper wohnen, der dann überhaupt erst zum Klassenkampf bereit sei (vgl. Freie Sportwoche 1925, Nr. 2, 17). So stelle der gesunde Körper des Sportlers die „äußere Hülle einer starken Seele und das Sinnbild einer unbeugsamen Gesinnung" (Freie Sportwoche 1925, Nr. 2, 17) dar. Also lässt sich das Festhalten des Arbeiterfußballs am Amateurideal zunächst auf ideologische Gründe zurückführen. Doch bleibt zu bedenken, dass die Arbeiterfußballer lediglich eine Sparte im Bund bildeten und programmatische sowie ideologische Leitlinien einzig von der Bundesführung ausgingen. Zudem besaß der ATSB die Herausgeberschaft aller bundes-

1920er Jahren (vgl. Eggers 2004, 100; vgl. Freie Sportwoche 1921, Nr. 40, 309).

weiten Presseorgane. Vielleicht fanden sich deshalb in den untersuchten Materialien keine Überlegungen der Sparte, seine Spieler zu entlohnen, was zwar als Bestätigung der ideologischen Übereinstimmung des ATSB mit seiner Fußballsparte ausgelegt werden kann – jedoch durch diese Untersuchung nicht als Gewissheit gelten darf. In dieser Frage könnten Regionalstudien einzelner Arbeiterfußballvereine weitere interessante Hinweise liefern.[15]

Nicht zuletzt wegen der organisatorischen Selbstständigkeit und der bisher angestellten Studien über den DFB ist die Haltung des Fußballbundes zum Amateurprinzip einfacher zu beschreiben. Bereits bei seiner Konstituierung legte der DFB mit großer Selbstverständlichkeit fest, dass Spieler, die für „einen Geldpreis oder eine Entschädigung in Geld (...) spielen" (DFB-Jahrbuch 1905/06; z.n. Eggers 2004, 93) Berufspieler seien und nicht dem Fußballbund angehören dürften. Offiziell verabschiedete sich der DFB erst im Jahr 1972 von diesem Gründungskonsens, der den hauptberuflichen Fußballspieler ablehnte – auch wenn die Errichtung der Reichsliga 1932 als erstes Eingeständnis an die Befürworter des Professionalismus angesehen werden kann (vgl. Eisenberg 1990, 37; Eggers 2004, 93). Warum aber hatte dieses Ideal derart lange Bestand und worin hatte es seinen Ursprung?

Zunächst fußte das Amateurideal des DFB, genauso wie das des Arbeitersports, auf einem soliden ideologischen Unterbau. Im Falle des DFB bildete die gemeinsame Auffassung der Gründungsväter von Staat, Nation und Gemeinschaft das entscheidende Fundament. Dieser ‚common sense', der später zum Amateurismus beitrug, forderte die willentliche und als selbstverständlich vorausgesetzte Unterordnung des Einzelnen unter Staat und Vaterland (vgl. Heinrich 2000, 78). Der Sport sei unerlässlich für die sittliche Wiedergeburt des deut-

[15] Regionalstudien einzelner Arbeiterfußballvereine liegen aus Hamburg (Skrentny 1982) und aus dem Ruhrgebiet (Gehrmann 1988) vor.

schen Volkes sowie für die dauernde Erhaltung deutscher Macht und Kraft, hieß es. Diese Gesinnung müsse jedem Staatsbürger aus dem Herzen sprechen (Koch 1908; z.n. Heinrich 2000, 77). Daraus ergab sich, dass der Fußball vor allem der Erziehung zum sittlichen Bürger diente. Er verlangte Disziplin, Ordnung und betonte das Gemeinschaftsgefühl (vgl. Heinrich 2000, 78). Dieser erzieherische Anspruch ginge verloren, sobald für den sportlichen Wettkampf Preise ausgesetzt oder Gelder fließen würden, war eine Grundannahme des Fußballbundes. Im DFB galt uneingeschränkt: Das Materielle dürfe niemals das Ideelle überwiegen (vgl. Heinrich 2000, 78). Der Fußballbund war zunächst überzeugt, dass einzig unter Amateurbedingungen diese erzieherischen Ziele erreichbar wären.

Zudem prägten antikapitalistische Sehnsüchte das Wesen des Amateurprinzips im DFB. Sport und Kultur galten im Lager des DFB als letzte gesellschaftliche Refugien vor der einsetzenden Kommerzialisierung. Hier hatten noch andere Gesetze zu herrschen als in der Ökonomie (vgl. Heinrich 2000, 78). Dieses Grundverständnis eines Amateurfußballs, das sich aus dem erzieherischen Anspruch einerseits und aus der Abgrenzung von gesellschaftlichen Modernisierungen andererseits speiste, wurde – auch aufgrund personeller Kontinuitäten innerhalb des DFB – in die Weimarer Jahre hinein transportiert.

Heinrich (2000) sowie Gehrmann (1988) machten eben diese starke Ideologisierung der Amateurfrage als Hauptgrund dafür verantwortlich, dass der Fußballbund auch in den 1920er Jahren den Profifußball rundherum ablehnte. Ähnlich, wenn auch stark normativ, beschrieb die Freie Sportwoche (1927, Nr. 16, 242) die Haltung des DFB: Sie versuchen „krampfhaft, den Amateur zu markieren bzw. die Amateureigenschaft des bürgerlichen Sportes zu konstruieren, um ihrer ‚Tradition' treu bleiben zu können, die einer alten aristokratischen Herrenklasse entstammt und Sport als ihr Vorrecht betrachtete". Nicht einmal auf Gedankenspiele ließ sich die

DFB-Führung in dieser Frage ein – im Gegensatz zu seiner Presse, die dem Berufsfußball durchaus Positives abgewinnen konnte und die Aufhebung des Amateurprinzips diskutierte.[16] Einen anderen Grund für das Beharren nannte Eggers (2001; 2004). Seine These lautet, dass der DFB aus rein wirtschaftlichen Gründen gezwungen war, das Amateurprinzip „nach außen hin“ (Eggers 2004, 111) aufrechtzuerhalten. Denn während der Amateurgedanke zunächst als einigendes Band aus der Kaiserzeit tatsächlich im Vordergrund stand, diente er seit etwa 1923/24 den meisten Funktionären lediglich als Scheinargument, um die damit verbundenen staatlichen Subventionen nicht zu verlieren und die Vereine vor finanziellen Bedrängnissen zu schützen (vgl. Eggers 2001, 163).

Das Amateurideal des DFB, also nur ein Mittel zum Zweck?

Tatsächlich profitierte der DFB Anfang der 1920er Jahre von zahlreichen sportpolitischen Initiativen zur sogenannten ‚Wiederherstellung der Volksgesundheit‘ nach dem verlorenen Ersten Weltkrieg. „Die Förderung von Turnen und Sport ist heute Staatspflicht“, erklärte Carl Diem, Generalsekretär des Deutschen Reichsausschusses für Leibesübungen (DRA), im Februar 1921 in einem Grundsatzpapier zur „Finanzierung der Turn- und Sportbewegung“ (z.n. Eggers 2004, 95). Danach sollten Staat, Länder und Kommunen die Einrichtung von Sportverwaltungen und die Sportlehrerausbildung unterstützen, Zuschüsse für den Sportstättenbau gewähren, die Deutsche Hochschule für Leibesübungen übernehmen sowie die Arbeit in den Verbänden und Vereinen fördern. Von diesen Investitionen in den Sport würde die deutsche Volkswirtschaft später selber profitieren. Denn der „regelmäßig Geübte“ schaffe für sich und „die Volkswirtschaft einen materiellen Mehrwert“, der sich „durch Heranzüchtung eines kräftige-

[16] Kritische Stimmen zum Amateurprinzip in der deutschen Sportpresse vgl. Eggers 2001, 162-175; vgl. Eggers 2007, 10-41.

ren Geschlechts laufend vermehrt“ (Diem 1921; z.n. Eggers 2004, 95).

Ab 1924 wurden sämtliche Fußballspiele von der Vergnügungssteuer ausgenommen und Fußballvereine von der Schenkungssteuer befreit, was vor allem das Mäzenatentum weiter beförderte. Zusätzliche Vergünstigungen für die Vereine ergaben sich durch Fahrpreisermäßigungen, genehmigt durch das Reichsverkehrsministerium, und den Wegfall der allgemeinen Versicherungspflicht aller Vereinsfußballer. Aus dem Fonds der ,produktiven Erwerbslosenfürsorge' flossen beträchtliche Subventionen in den Sportstättenausbau der Vereine, was auch die vielen Stadienneubauten der 1920er förderte (vgl. Eggers 2004, 96; Eggers 2001, 164). Insbesondere auf kommunaler Ebene startete der DFB in den frühen 1920er Jahren eine sportpolitische Offensive, indem er seine Funktionäre in möglichst viele Stadt- bzw. Gemeinderäte wählen ließ (vgl. Eggers 2004, 96). Ein wichtiges Ergebnis war 1927 die Regelung für die Benutzung von kommunalen Flächen. Danach gestattete der Deutsche Städtetag die Nutzung von städtischen Spiel- und Sportplätzen, denn die DFB-Vereine galten fortan als gemeinnützige Einrichtungen. Derart von Steuerabgaben befreit, verhalf diese Regelung vielen finanzschwachen Vereinen durch die Wirtschaftskrise. Bis 1931 waren gar 95 Prozent aller DFB-Sportflächen als kommunales Eigentum ausgewiesen, was die große Bedeutung der gemeindlichen Unterstützung für den DFB unterstreicht (vgl. Eggers 2004, 97).

Also koppelte sich das Amateurprinzip im DFB, das zunächst ideologischen Gründen entstammte, nun in der Weimarer Zeit an konkrete wirtschaftliche Absichten, aus denen allmählich Abhängigkeiten wurden. Einzig mit der Amateurstruktur konnte der DFB den Status der Gemeinnützlichkeit genießen. Allein als äußerlich unpolitischer Fußballbund konnten staatliche Privilegien eingeräumt werden und Subventionen weiterhin ungestört fließen – mithin Quellen, auf die der Fußballbund in der Folge nicht mehr verzichten konnte. Kürzer formuliert: Ein wesentlicher Teil der Finanzierung des DFB und seiner Vereine basierte auf zwei Säulen, deren Fassade deshalb nach außen unbedingt gewahrt werden musste: dem Amateurprinzip und der eigenen politischen Neutralität.

Es ist verblüffend, wie genau der ATSB diese beiden Fassaden erkannte und dennoch nicht in der Lage war, eine hinreichende Antwort auf die Politik des DFB zu bieten.

Die Aussage, der DFB sei politisch neutral, brandmarkte die Freie Sportwoche konsequent als „Dogma aller Indifferenten“ (1926, Nr. 10, 141). Der Sport als solcher – ganz dem eigenen Selbstverständnis folgend – könne niemals politisch neutral daherkommen, lautete die Begründung. Darüber hinaus sei die Führungsetage des DFB „parteipolitisch deutschnational bis auf die Knochen“ (Freie Sportwoche 1927, Nr. 10, 145) und deshalb die Neutralität einzig ein propagandistisches Mittel (vgl. Freie Sportwoche 1928, Nr. 27, 434). Dass im DFB mehrheitlich „Berufsamateure“ (Freie Sportwoche 1927, Nr. 16, 242) spielten, wäre ohnehin kein Geheimnis. Artikel, die von Zahlungen der DFB-Vereine an seine Spieler berichteten, gab es regelmäßig – bereits seit 1919 (vgl. Freie Sportwoche 1928, Nr. 27, 434). Das Amateurprinzip im DFB bestand nur zum Schein, befand die Freie Sportwoche bereits zu Beginn der 1920er Jahre.

Deshalb muss die Frage anders, konkreter gestellt werden: Durchschaute der ATSB tatsächlich die Politik des DFB und versuchte sie offen zu legen oder beruhte seine strikte Argumentation einzig auf dem eigenen Selbstverständnis, das schablonenartig als Antwort auf sämtliche Diskussionen in der Auseinandersetzung mit dem ‚bürgerlichen‘ DFB gelegt wurde? Um es gleich vorweg zu nehmen: Eine letztlich zufrieden stellende Antwort kann an dieser Stelle nicht geleistet werden – dafür aber kann die Argumentationsstruktur des ATSB und seiner Fußballsparte in dieser Auseinandersetzung aufgezeigt und daraus einige Ergebnisse abgeleitet werden.

Spätestens ab 1925, dem Jahr, in dem der DFB seinen Vereinen den Wettspielverkehr mit Mannschaften aus denjenigen Ländern verbot, in denen der Profifußball mittlerweile Einzug gehalten hatte, wurden die Stimmen in der Freien Sportwoche lauter, die dem DFB unterstellten, dass seine „Unpolitischerklärung“ (Freie Sportwoche 1925, Nr. 31, 345) lediglich Systemzwängen geschuldet wäre. Es hieß: Der DFB „produziert sich parteipolitisch neutral. Nicht aus ehrlichem Herzen, sondern gezwungen von der Macht der Verhältnisse“ (Freie Sportwoche 1926, Nr. 10, 141). Doch die Zeitung benannte nicht die Subventionsflüsse, berichtete kaum über die einschlägigen Verbindungen von Fußball und Politik und verpasste es so, innerhalb der eigenen Organisation eine zusätzliche Barriere gegen den DFB aufzubauen. Dabei ließen sich die Subventionen des DFB durch Reich, Länder und Kommunen in den jeweiligen Jahresberichten des Fußballbundes ohne weiteres nachlesen. Stattdessen blieb das Blatt im Unpräzisen. Es hieß beinahe verschwörerisch nebulös über den DFB: „(...) wir wissen genau, daß die (...) einflussreichen Kreise den Sport konsequent als Mittel zum Zweck benützen und ihren wahren Absichten schamhaft hinter dem Feigenblatt der Neutralität verstecken“ (Freie Sportwoche 1926, Nr. 10, 141). Eine der wenigen öffentlichen Forderungen, den Arbeitersport gleichermaßen zu subventionieren, stellte der SPD-Politiker Carl Schreck auf dem Magdeburger Parteitag 1929: „Wir dürfen verlangen, daß die öffentlichen Mittel, die zur Verfügung gestellt werden, mindestens auch in der Relation dem Arbeitersport zugute kommen“ (Schreck 1929, 10). Es ist beinahe bezeichnend für die Sprachlosigkeit des Arbeitersports, dass ein Mitglied des Reichstags stellvertretend für den ATSB Gleichberechtigung einforderte und kein Funktionär des Arbeitersports selber. Dass die Arbeitersportler derart leise nach einem Ausgleich riefen, kann als Indiz dafür gelten, dass der ATSB die Politik des DFB doch falsch einschätzte und die Vorteile der Verbrüderung zwischen DFB und Politik verkannte, wenigstens jedoch unterschätzte. Gewiss bestand das Selbstverständnis des Arbeitersports aus der bewussten Abgrenzung zu allem ‚Bürgerlichen‘, was eine

Auseinandersetzung zusätzlich erschwerte. Jedoch erklärt sie nicht die komplette sportpolitische Verneinung angesichts der elementaren Bedeutung der politischen Allianzen für den DFB. Stattdessen betonte die Freie Sportwoche (1926, Nr. 11, 155) die personelle Unterlegenheit der eigenen Fußballsparte gegenüber dem DFB: „Unsere Gegner besitzen – daß muß gesagt werden – eine beinahe autoritative Führerschaft, also Funktionäre, die als Autoritäten anerkannt werden und zwar zum Teil wohl deshalb, weil die höheren Funktionäre in vielen Fällen klangvolle Namen und Titel haben, wie: Professoren, Doktoren, Staatssekretäre a.D. usw."

Neben den wirtschaftlichen Begünstigungen und der zunehmenden Kommerzialisierung durch die mediale Inszenierung (vgl. Kapitel IV.1) beschleunigte auch die nachweislich verdeckte Praxis der Professionalisierung die Entwicklung des DFB (vgl. Eggers 2004, 101).

Tatsächlich begann sich die Situation bereits zu verändern, als man um die Fußballplätze Zäune zog, Türen hineinsetzte und dort Kassierer platzierte, die von den Zuschauern Eintritt verlangten (vgl. Heinrich 2000, 75). Denn nun wurden die Zuschauer zu Kunden. Sie zahlten und verlangten dafür einen Gegenwert, bestehend aus angemessener sportlicher Leistung oder guter Unterhaltung, zumindest jedoch wollten sie etwas erleben im Fußballstadion. Überall dort, wo Spitzenfußball gespielt wurde, erhielten die Spieler in den Weimarer Jahren – neben dem vom DFB erlaubten, sehr niedrigen Spesensatz – verdeckte Zuwendungen (vgl. Eggers 2004, 101). Die Vereine erkannten sehr bald, dass möglichst fähige Spieler die Menschen ins Stadion strömen ließen, denn sie garantierten einen relativ hohen Erlebnisfaktor, der weitere Massen motivieren konnte, ins Stadion zu gehen. Und es sprang ein Kreislauf an, der bis heute pulsiert: das Geschäft des bezahlten Fußballs.

Einige bekannt gewordene Verstöße gegen die Amateurbestimmungen: Bereits 1919 wurde Hertha BSC wegen verbotener Zahlungen an seine Spieler aus der Meisterschaft disqualifiziert. 1920 wechselten die beiden Ungarn Alfred Schaffer und Peter Szabo, beide internationale Stürmerstars, zum 1. FC Nürnberg. Es wurde bekannt, dass ihr Wechsel erst durch die Zahlung einer Ablösesumme möglich geworden war. Der Österreicher Ferdinand Swatosch klagte 1925 erfolgreich vor einem ordentlichen Gericht sein Gehalt ein, das es eigentlich nach den DFB-Statuten gar nicht hätte geben dürfen. In Dresden bekam der Spieler Kutzsche für seinen Wechsel einen gesicherten Arbeitsplatz und zusätzliche Spesen ausgezahlt. Er wurde daraufhin vom DFB gesperrt und seinem Verein Punkte aberkannt. Der VfB Stuttgart wurde 1930 wegen des Verstoßes gegen die Amateurbestimmungen für zwei Monate gesperrt. Tennis Borussia Berlin lockte 1926 den jungen Stürmer Sepp Herberger mit einer sicheren Anstellung in einer Bank erfolgreich an die Spree. Das Finanzhaus gehörte zwei Mäzenen des Vereins. Dabei wurde Herberger bereits 1921 zunächst lebenslänglich gesperrt. Der spätere Bundestrainer kassierte 10.000 Reichsmark Handgeld für einen Vereinswechsel innerhalb Mannheims (vgl. Eggers 2004, 103).

Für die besten Spieler zahlten die DFB-Vereine Geld – eine gängige Praxis, deren verdeckte Durchführung zumeist ungeahndet blieb und vom Fußballbund nur dann sanktioniert wurde, wenn sie allzu offensichtlich passierte. Schließlich musste der DFB nach außen hin seinen Amateurstatus wahren, um weiterhin staatliche Zuwendungen erhalten zu können.

Wie reagierten die Arbeiterfußballer auf den verdeckten Professionalismus des DFB? Wie oben erwähnt, erkannten die Arbeitersportler sehr wohl diese Praxis des DFB als „Mantel des Amateurismus" (Freie Sportwoche 1928, Nr. 13, 205) und berichteten darüber in der Freien Sportwoche. So schrieb die Zeitung beispielsweise über englische Soldaten der Rheinarmee, die von DFB-Vereinen eingekauft wurden. Die Vorgänge waren auch dem Fußballbund bekannt, so ist sich die Zeitung sicher. Doch: „Die Sache wird wieder im Sande verlaufen, die Untersuchung in geheimen Sitzungen versanden und die englischen Armeefußballspieler (...) werden gegen glänzender Bezahlung in den Vereinen des ‚teutschen' Fußballbundes spielen" (Freie Sportwoche 1927, Nr. 51, 792). Eine aufgeflogene Spielmanipulation durch ein Vereinsmitglied von Wacker Leipzig kommentierte die Zeitung: „Was Wunder also wenn Herr Ludwig nicht nur seinen eigenen Stürmern Geld für die geschossenen Tore, sondern dem Gegner solches für nicht geschossene Tore bot. Wir sehen darin keinen großen Unterschied" (Freie Sportwoche 1926, Nr. 6, 79). Auch über Differenzen innerhalb des Fußballbundes berichtete die Zeitung. Von einer Tagung des DFB, auf dem die Professionalisierung des Fußballs diskutiert wurde, betonte das Blatt: „Was der DFB. mit allen Mitteln abzuleugnen sucht, wird hier von Vertretern ganzer Landesverbände unumwunden zugegeben" (Freie Sportwoche 1925, Nr. 31, 345). Die Zeitung verfolgte äußerst detailliert diese verbandsinternen Diskussionen, deren Verläufe sowie die letztlich gefassten Beschlüsse des DFB.

So treffend die Situationsbeschreibung beim ‚Gegner', so falsch die daraus abgeleitete Prognose; denn die Freie Sportwoche nahm an, dass sich der DFB zum reinen Profifußballverband entwickeln würde. „Im Deutschen Fußballbund wird der Profi Einzug halten, weil das brüchige Amateurgebilde der finanziellen Auffrischung bedarf" (Freie Sportwoche 1928, Nr. 13, 205), lautete eine Begründung für den baldigen Niedergang des ‚bürgerlichen' Fußballs. Mit dieser Annahme verband sich auch die Hoffnung, dass die verbliebenen Amateurfußballer des DFB sich dann dem Arbeitersport zuwenden würden als einzig verbliebene Alternative zum „kapitalistischen Kanonenfußball" (Freie Sportwoche 1925, Nr. 19, 185). Besonders von den kleinen, nur wenige Mitglieder umfassenden Vereinen im DFB erhofften sich die Arbeiterfußballer Verstärkung (Freie Sportwoche 1928, Nr. 13, 205). Von einer „Gegenbewegung finanziell weniger kräftige[r]" DFB-Vereine wurde bereits gesprochen, die durch ihr „Nichtmitkönnen mit den Großen" für die eigene

Bewegung zu gewinnen wären. Bei dieser Entwicklung werden „wir als Arbeitersportler (...) die lachenden Dritten" (Freie Sportwoche 1927, Nr. 12, 166) sein, frohlockte bereits ein Autor der Freien Sportwoche.

Die Hoffnung der Arbeiterfußballer mag durchaus berechtigt gewesen sein, jedoch ihr Gegenentwurf zum scheinbaren DFB-Amateurprinzip brachte wenig Neues: Er bestand, neben dem Abwarten auf die Professionalisierung des DFB, aus einem Beharren auf dem Erziehungsprinzip des Arbeitersports. „Wir müssen (...) die allgemeine Körperkultur als das erstrebenswerteste Ziel hinstellen", schrieb die Freie Sportwoche (1926, Nr. 46, 736); erst wenn alle Menschen davon überzeugt wären, würde sich die Frage, ob Amateur- oder Profisport, von selber erledigen und Rufe nach einem bezahlten Fußball nicht mehr ertönen. Eigene alternative Vorschläge zur Lösung der Amateurfrage wurden von den Arbeiterfußballern nicht formuliert.

Aus den dargestellten Ergebnissen dieses Kapitels lässt sich Folgendes festhalten: Erstens: Das Amateurprinzip beruhte im DFB sowie im ATSB auf ideologischen Grundlagen, die auch in der Weimarer Zeit auf beiden Seiten unverrückbar blieben. Zweitens: Wirtschaftliche Subventionen und sonstige staatliche Begünstigungen gingen zum Großteil am ATSB vorbei zum DFB und seinen Vereinen, weil auf politischer Ebene DFB-Funktionäre die Interessen des Fußballbundes vertraten. Der ATSB blieb weitestgehend ohne wirkungsvolle sportpolitische Repräsentanz. Drittens: Die Einschätzung, wonach sich im DFB der Profifußball durchsetze, war falsch, wenn auch nachvollziehbar aufgrund der internationalen Entwicklungen. Viertens: Der ATSB setzte einzig auf sein erzieherisches Selbstverständnis vom Sport, mit dem sich – einmal von allen verstanden – die Amateurfrage ganz von allein löse.

Die untersuchten Quellen deuten daraufhin, dass die Praxis der verdeckten Professionalisierung sowie die Neutralitätsbekundungen des DFB vom ATSB durchaus erkannt wurden. Jedoch schätzte man die Entwicklungen im DFB dann falsch ein. Zudem verzichtete man darauf, eigene Alternativen zu entwickeln und verstand es nicht, die Doppelmoral des DFB als zusammenschweißendes Mittel zur Stärkung der eigenen Organisation einzusetzen.

Dass Verstöße gegen die Amateurbestimmungen des DFB trotzdem selbst populäre Vereine beinahe um ihre Existenz bringen konnten, zeigt der Fall FC Schalke 04. Wegen seiner wiederholten Verstöße musste sich der Verein im August 1930 vor der Spruchkammer des Westdeutschen Spielverbandes (WSV) verantworten. Zu offensichtlich waren die Schalker Scheckbuch-Methoden aufgefallen. Das Gericht befand, dass die Spieler regelmäßige Spesenzahlungen erhalten haben, die den zulässigen Betrag weit überschritten, zudem eine regelmäßige Entlohnung bekamen und weitere Zuwendungen in Form von Geschenken, Darlehen und beruflichen Begünstigungen erhielten (vgl. Schulze-Marmeling 1992, 55). Der Verein musste insgesamt 1000 Reichsmark Strafe zahlen. Außerdem schloss der Verband acht Schalker Vorstandsmitglieder aus. Insgesamt 14 Spieler des Klubs wurden zu Berufsspielern erklärt. Die davon betroffenen Fußballer waren ausnahmslos Arbeiter, eben solche „verirrten Proletarier“ (Skrentny 1982, 190), die im folgenden Kapitel im Fokus der Betrachtung stehen werden (vgl. Schulze-Marmeling 1992, 55).

IV.3 Arbeiter im DFB und der Umgang mit den ‚verirrten Genossen‘

Wie viele Arbeiter tatsächlich in den Fußballvereinen des DFB spielten, ist schwierig zu sagen. Immer wieder fällt in diesem Zusammenhang der Name Erwin Seeler als prominentester Arbeiterfußballer im DFB. Allerdings war er in gewisser Weise ein Sonderfall. Denn Seeler erlangte – als einziger Arbeiterfußballer überhaupt – bereits im ATSB einen Starkult, was seinen Wechsel erst zum derart heiß diskutierten

Politikum werden ließ. Doch interessant sind nicht nur die wechselnden Spitzenspieler, sondern auch die Arbeiter, die sich gar nicht erst für den Fußball im ATSB begeistern ließen, obwohl sie eine feste soziale Milieubindung im Arbeiterlager besaßen, die sich ausdrückte durch den Beruf in einem Werk oder auf der Zeche, durch die Mitgliedschaft in der SPD oder der Gewerkschaft sowie dem Wohnort in der Siedlung oder im Viertel. Was kann diese Arbeiter bewegt haben, dem DFB-Fußball anzuhängen, egal ob als aktive Spieler oder passionierte Zuschauer? Das ist das Phänomen, dem es sich anzunähern gilt.

Leider ist das Quellenmaterial äußerst dünn, gesicherte Aussagen über die Sozialstruktur der Vereine gibt es kaum. Auch die zahlreichen neuen, teilweise sehr gut recherchierten Vereinschroniken auf dem Büchermarkt geben kaum Hinweise auf Arbeiter in DFB-Vereinen.[17] Einzig Gehrmann (1998) schlüsselte die Mitgliederstruktur eines DFB-Vereins, nämlich die des FC Schalke 04, für die Jahre der Weimarer Republik auf. Eisenberg (1990) tat dies für die Nationalmannschaft des DFB[18]. In einer späteren Arbeit begründete sie da-

---

17 U.a. wurden folgende Vereinsbücher auf Hinweise über den Arbeiteranteil in DFB-Vereinen durchgesehen: Schulze-Marmeling, Dietrich (2007). Die Bayern – Die Geschichte des Rekordmeisters. Göttingen; Grüne, Hardy (2006). Mit dem Ring auf der Brust – Die Geschichte des VfB Stuttgart. Göttingen; Matheja, Ulrich (2007). Schlappekicker und Himmelsstürmer – Die Geschichte von Eintracht Frankfurt. Göttingen; Mertens, Rene (1997). FC St. Pauli – You' ll never walk alone. Göttingen; Grüne, Hardy (1998). Zwischen Hochburg und Provinz – 100 Jahre Fußball in Göttingen. Göttingen.

18 Eisenbergs Quellen basieren auf Steckbriefen der DFB-Nationalspieler, welche die Redaktion des Sportmagazins ‚Der Kicker‘ für ein Sammelalbum zusammentrugen. Danach gaben in der Zeit von 1920 bis 1929 rund 15 Prozent der Auswahlspieler als Beruf Arbeiter oder Handwerker an. Eine Zahl, die sich in der folgenden Dekade, von 1930 bis 1939, mehr als verdoppelte (33 Prozent). Dennoch blieb die Arbeiterschaft insgesamt unterrepräsentiert, blickt man auf den Arbeiteranteil der Erwerbstätigen, der in der Zwischenkriegszeit bei etwa 55 Prozent lag. Leider berücksichtigt Eisenbergs Studie lediglich den Spitzenfußball und spielt daher für die hier diskutierte Frage eine nebensächliche Rolle.

raus die Annahme, dass Arbeiter im DFB insgesamt stark unterrepräsentiert gewesen sein mussten (vgl. Eisenberg 1993, 167).

Dass der Fußball des eigentlichen Klassenfeindes dennoch stark anziehend auf viele Arbeiter wirkte, ging aus der Freien Sportwoche hervor: „Wir spüren es ja in Deutschland am eigenen Leibe", hieß es da freimütig, „wie es hunderte unserer ‚Besten' zu den Bürgerlichen zieht (...)" (Freie Sportwoche 1926, Nr. 8, 109). Und auch unter den Zuschauern der DFB-Spiele waren die Arbeiter gewiss keine Minderheit. Im Gegenteil, bei den Begegnungen stellte bereits „das Proletariat das Hauptpublikum", schrieb die Freie Sportwoche (1928, Nr. 45, 742). Insgesamt, so urteilt Luh (2006, 42), gelang es dem DFB in den Weimarer Jahren, seine Mitgliedschaft „insbesondere aus der Arbeiterschaft zu erweitern."

Auf die Abgänge seiner Fußballer ins bürgerliche Lager reagierte die Arbeitersportpresse wütend. Die Arbeiter gäben sich „gedankenlos den Flötentönen nationaler Rattenfänger" hin (Freie Sportwoche 1926, Nr. 10, 141). Es hieß, die abtrünnigen Genossen seien charakterlos, weil sie „sich wie Sklaven verschachern und verkaufen" ließen (Freie Sportwoche 1926, Nr. 9, 126). Besäßen sie nur ein „Fünkchen Klassenbewußtsein, dann müßte ihnen doch das Gewissen sagen: Nein, ich will nicht zum Verräter, zum Renegaten werden, ich will mich nicht zu denen rechnen, welche man mit Recht als Lumpenproletarier bezeichnet" (Freie Sportwoche 1926, Nr. 9, 126). Die schiere Anzahl solcher verunglimpfenden Artikel über eben diese ‚Renegaten' lassen ermessen, wie sehr der Schwund im eigenen Lager an den Arbeitersportlern nagte. Die Heftigkeit der Reaktionen gab Aufschluss darüber, dass die Abgänge einen zentralen Nerv der gesamten Organisation trafen. Schließlich flossen ohne Mitglieder keine Mitgliederbeiträge in die chronisch klammen Kassen der Arbeitersportvereine. Letztlich fragten sich die Arbeitersportler selber: „Welche schwerwiegenden Gründe (...) können Sportler jeder Art – die sich zu sozialistischen Weltanschauung bekennen –

veranlassen, ihre Interessen bürgerlicher Klassengegnern als Führer anzuvertrauen? Schämen sie sich ihrer Weltanschauung?“ (Freie Sportwoche 1927, Nr. 10, 145).

In den Augen des Arbeitersports „setzte von Seiten der bürgerlichen Fußballbewegung eine förmliche Jagd, ein wahrer Menschenhandel nach unseren befähigten Spielern ein“ (Freie Sportwoche 1926, Nr. 9, 126). Beträge von 100 Mark für ein einziges Spiel waren 1926 keine Seltenheit mehr – Tendenz steigend (vgl. Freie Sportwoche 1926, Nr. 9, 126). Es setzte sich die Erkenntnis durch, dass „(...) der Verein, der in der Lage ist Arbeitsmöglichkeiten zu vermitteln oder größere Vergünstigungen zu geben, jeden Spieler von Format haben kann“ (Fußball-Stürmer 1931, Nr. 35, 548). Dabei war Geld nicht das einzige Lockmittel. Das Versprechen auf einen Arbeitsplatz, ein neuer Anzug oder eine größere Wohnung waren gängige Schmierstoffe des DFB im ‚Spieler-Ziehen‘ und damit auch ein Teil der verdeckten Professionalisierung im DFB (vgl. Kapitel IV.2). Hingegen gestand die Führung der ATSB-Fußballsparte zu: „Wir können und wollen euch nicht bezahlen (...). Wir räumen euch nicht einmal eine Extrawurst ein im allgemeinen Ansehen und in der Behandlung“ (Freie Sportwoche 1926, Nr. 8, 109). Die Freie Sportwoche berichtete sogar von Erpressungen einzelner Arbeiterfußballer durch DFB-Vereine. So wurde einem Arbeiterfußballer gedroht, der kurzzeitig in einer ‚bürgerlichen‘ Mannschaft spielte und dafür eine feste Arbeitsstelle bekam, dass man ihn entließe, würde er nicht wieder zu seinem alten Verein ins bürgerliche Lager zurückkehren (vgl. Freie Sportwoche 1926, Nr. 9, 126).

Dem Gebaren des DFB trat der ATSB mit einer Taktik entgegen, die – wie wir später sehen werden – die Haltung des DFB grundlegend kontrastierte und mit den Jahren stetig verbissener angewandt wurde. Denn die Arbeitersportler setzten auf strikte Abgrenzung gegenüber den Abtrünnigen gleich welcher Couleur, auch gegenüber der kommunistischen Rotsport-Bewegung. Stattdessen verschärften sie selber ihre Rhetorik, pochten konsequenter als zuvor auf ihr Selbstverständnis vom Sport und betonten noch deutlicher die unüberbrückbaren Gegensätze zum ‚bürgerlichen‘ DFB.

Ohnehin zeigte sich der ATSB resolut im Umgang mit wankelmütigen Arbeiterfußballern, was sich auch im Verhalten gegenüber sogenannten ‚Doppelmitgliedern‘ niederschlug. Doppelmitgliedschaften, also Fußballer, die einem ‚bürgerlichen‘ sowie einem Arbeitersportverein angehörten, waren per se unzulässig und Verstöße wurden hart sanktioniert. Ist ein solcher Fall bekannt geworden, war der betroffene Fußballer direkt – gemäß der ATSB-Satzung – aus seinem Verein auszuschließen. Zudem belegte der Bund den Verein, der einen solchen ‚nichtberechtigten Spieler‘ aufnahm, mit einem Punktabzug oder einer Geldstrafe. Allerdings muss davon ausgegangen werden, dass vor allem in den frühen 1920er Jahren, als die ATSB-Vereine gerade erst begannen sich flächendeckend zu organisieren, Doppelmitgliedschaften im Arbeiterfußball an der Tagesordnung waren. Dabei war eigentlich klar, dass „(...) Spieler, die gleichzeitig einer bürgerlichen Sportorganisation“ angehörten, keine Spielerlaubnis im ATSB besitzen (vgl. Freie Sportwoche 1924, Nr. 1, 1). Jedoch geben die zahlreichen Artikel, die eventuelle Ausnahmesituationen diskutierten und Einzelfälle erörterten, Hinweise darauf, wie weit verbreitet die Praxis der Doppelmitgliedschaft war. Vor allem in ländlichen Gegenden baten die Vereinsverantwortlichen häufig um Nachsicht im Umgang mit enttarnten Doppelmitgliedern. Zwar sah auch der Bund die Schwierigkeiten und befand: Deshalb „(...) können wir wirklich nicht von unseren Vereinen verlangen, daß sie sich bei Aufnahme eines aus dem bürgerlichen Lager kommenden Mitgliedes erst an ein Detektivbüro wenden, dessen einwandfreien Austritt auszuspüren“ (Freie Sportwoche 1924, Nr. 1, 1). Es genügte fortan das Ehrenwort des Sportlers, kein Mitglied eines ‚bürgerlichen‘ Vereins zu sein, um einem ATSB-Verein beizutreten. Dennoch kam es weiterhin bis in die 1930er Jahre hinein immer wieder zu Vereinsausschlüssen einzelner Mitglieder wegen Doppelmitgliedschaften. 1927/28, in einer wirtschaftlich schwierigen Zeit, sperrten besonders viele Fußballvereine ihre eigenen Bundesgenossen. Der Grund: Etliche Mitglieder konnten die fälligen Beiträge einfach nicht mehr bezahlen (vgl. Freie Sportwoche 1927, Nr. 13, 193).

Den abtrünnigen Genossen warf der Bund außerdem vor, mit ihrem Wechsel zu einem DFB-Verein einzig einen persönlichen Aufstieg in die gesellschaftliche Beletage verwirklichen zu wollen. „Sind sie beglückt, mit Akademikern, Fabrikdirektoren und anderen Klassengegnern in Harmonieduselei zu machen?", fragte die Freie Sportwoche (1927, Nr. 10, 145).

Ein florierender Konkurrenzverband und etliche treulose Mitglieder – natürlich stellten sich die Arbeiterfußballer für einen kurzen Moment die Frage nach praktischer Abhilfe: „Werbung, aber wie?", schlagzeilte die Freie Sportwoche 1928 (Nr. 45, 735). Die Fußballvereine sollten dazu verpflichtet werden, „an verkehrsreichen und gut sichtbaren Stellen" Schaukästen anzubringen und in ihnen „gute Bildzusammenstellungen zur Ansicht auszustellen" (Freie Sportwoche 1928, Nr. 45, 735). Ansonsten baute die Fußballsparte vorwiegend auf die Werbewirksamkeit seiner gesinnungsfesten Mitglieder. Denn sie standen nun besonders in der Pflicht, „all den irregeführten Klassengenossen" zu sagen, „daß sie sich zum verbrecherischen Werkzeug ihrer eigenen Klasse machen" (Freie Sportwoche 1926, Nr. 5, 66). Die Bundesbrüder sollten ihnen wieder den Weg zum proletarischen Sport und Klassenkampf aufzeigen (vgl. Freie Sportwoche 1926, Nr. 5, 66). Doch die wenigen Werbeaktionen der Fußballsparte begründen sich vor allem aus dem allgemeinen ideologischen Überbau des Arbeitersports. Denn die Überzeugung lautete: „Wir sind die Diener am Volk, darum: Volk erkenne und unterstütze deine Diener" (Fußball-Stürmer 1931, Nr. 35, 548). Der Bund sowie die Fußballsparte gingen davon aus, dass nicht sie sich verändern müssten, um für neue Mitglieder interessant zu werden, sondern die Menschen selber müssten zuerst lernen, die hehren Ziele des Arbeitersports zu erkennen, sodann würden sie sich ‚frei machen' können von Konkurrenz und Leistung. Die Bewegung würde auf natürliche Weise erblühen (vgl. Wagner 1931, 162). Außerdem war die ATSB-Fußballsparte – wie bereits gezeigt – davon überzeugt, spätestens mit der Einführung des Profifußballs im DFB, von der man fest ausging, die beste Alternative zum ‚bürgerlichen' Fußball zu stellen. Dann kämen ganz von allein neue Mitglieder in die Arbeiterfußballvereine – so das Kalkül (vgl. Freie Sportwoche 1928, Nr. 45, 735).

Einen ganz anderen Umgang mit dem Gegner, was die Arbeitersportbewegung zweifelsohne für viele ‚bürgerliche' Fußballvereine war, pflegte der DFB. Seit 1919 wurden in den Schriften sowie in den Jahrbüchern und Jahresberichten des DFB und seiner Verbände erklärtermaßen „prinzipielle Auseinandersetzungen mit dem Arbeitersport vermieden" (Zöller 1976, z.n. Luh 2006, 42). Der DFB setzte auf eine „Taktik der versöhnlichen Distanz" (vgl. Luh 2006, 42) und versuchte dabei, den offenen Konflikt bewusst zu umgehen. Besonders deutlich trat diese Absicht in dem DFB-Jahresbericht der Spielzeit 1924/25 hervor. Darin hieß es zum Arbeiterfußball: Der DFB

> „verfolgt mit Interesse das Anwachsen dieser Bewegung. Wir bedauern nach wie vor, daß auf unserem seiner Natur nach unpolitischen Gebiet, das wie kein anderes geeignet ist, alle Gegensätze zu überbrücken, durch Hineintragen von Klassengegensätzen die ideelle Wirkung des Sports unterbunden wird, freuen wir uns aber objektiv darüber, daß dieser große Verband erfolgreich Sport im deutschen Volk verbreiten hilft. Wir enthalten uns daher auch gegenüber dieser Organisation jeglicher Maßnahme, die zu Reibereien führen könnte" (z.n. Luh 2006, 42).

Von dieser Haltung gegenüber dem Arbeiterfußball löste sich der DFB in den Weimarer Jahren nicht. Sie entsprang vor allem dem Grundverständnis des DFB, wonach es im Fußball keine Klassen, sondern einzig Deutsche gäbe (vgl. Schulze-Marmeling 1992, 53). Denn der Charakter des Fußballs, so die werbende Argumentation des DFB, verbinde über alle Klassen hinweg (vgl. Eggers 2004, 93). Zwei prägnante Sätze brauchte der Sozialdemokrat und Mitglied des Reichstags, Carl Schreck, um die gegensätzlichen Haltungen des DFB und des ATSB in dieser Frage auf den Punkt zu bringen. Er sagte: „Der Bürgerliche will eine Verbeugung vor unserer Sache machen, er hofft auf uns. Der Sozialist meint: er hat uns schon“ (Schreck 1929, 10).

Tatsächlich kultivierten viele Vereine des DFB den Gedanken des verbindenden Fußballs und betonten in ihrem Vereinsleben Zusammengehörigkeit und Solidarität. In der Festschrift zum 25-jährigen Jubiläum des 1. FC Nürnberg aus dem Jahr 1925 heißt es, der Verein „bietet nach seiner Zusammensetzung ein Musterbeispiel, wie der Sport alle Bevölkerungsklassen, alle Berufe und politischen Anschauungen eint“ (z.n. Eggers 2001, 91). Und: „Hier im 1. FCN war keine politische Trennung, hier sah jeder, ob Arbeiter oder Akademiker, im Sportkameraden (...) den Clubfreund aus gleichem Holz geschnitzt (...) – erlebte Freundschaft, unverbrüchlich wahr und echt“ (z.n. Gömmel 2004, 175). Die Betonung des Zusammengehörigkeitsgefühls und der Solidarität waren nicht bloß Phrasen der Verantwortlichen, sondern durchaus gelebte Praxis im Alltag der Vereine, folgt man den bisherigen Arbeiten zum Thema.

Gleiches ist über den FC Schalke 04 bekannt, der sein Vereinsleben in den 1920er Jahren betont unpolitisch verbrachte. Die Geschichte von Schalke 04 ist deshalb so interessant, weil dies ein „fast reiner Arbeiterverein“ (Gehrmann 1998, 127) im ‚bürgerlichen‘ DFB war.[19] Gehrmann (1998, 121) beschreibt ein typisches Auswärtsspiel des FC Schalke

---

19 Nach Gehrmanns Studie (1998) waren die Mitglieder des FC Schalke 04 zum „weit überwiegenden Teil Arbeiter, d.h. Bergleute, Fabrikarbeiter und Handwerker“ (Gehrmann 1998, 120). Für die Jahre von 1914 bis 1923 gab er den Anteil dieser Berufsgruppe an der gesamten S04-Mitgliedschaft mit rund 64 Prozent an; für die Zeit von 1924 bis1934 gar mit knapp 75 Prozent (vgl. Gehrmann 1998, 119).

04 Anfang der 1920er und der Leser denkt eher an einen Familienausflug als an einen Punktspieltag. Früh morgens wanderten die Spieler mit ihren Frauen und Kindern zum Spielort. Unterwegs machten sie eine gemeinsame Brotzeit. Nach dem Spiel verbrachten sie gemeinsam einen geselligen Abend bei Tanz und Musik (vgl. Gehrmann 1998, 121). „Politik und Religion spielten bei uns im Verein überhaupt keine Rolle", bestätigte Ernst Kuzorra, der ab Mitte der 1920er Jahre für die Schalker ‚kreiselte' (z.n. Gehrmann 1998, 128). Das Leben im Fußballverein wurde also als etwas gänzlich Unpolitisches betrachtet, als eine Art Freiraum oder Ruhezone, in dem sich die Arbeiter von jeglicher politisch-ideologischen Vereinnahmung entzogen fühlten – etwas, das es im ATSB nicht gab.

V Fazit

Im Sommer 1932, knapp ein Jahr vor der Zerschlagung sämtlicher Arbeiterorganisationen durch die Nationalsozialisten, hatte der Arbeiterfußball bereits verloren. Kaum 7500 Zuschauer zog es ins Nürnberger Stadion, um das Endspiel der 13. Bundesmeisterschaft zu sehen, das zugleich auch das letzte war. Zum Kontrast: Mehr als 40.000 Zuschauer pressten ihre Körper auf den Tribünen aneinander, als im selben Jahr der FC Bayern München seine erste Meisterschaft im DFB feierte. Über dieses Finale, das ebenfalls in der fränkischen Fußballhochburg stattfand, schrieb der Kicker 1932: „In Nürnberg ist ein Volksfest. Markt. Tausend Wagen jeder Art. Singende, tänzelnde, siegesfrohe Münchener kochen auf der Straße“ (z.n. Grüne 2003, 138).

Gewiss, der geringe Zuspruch des Publikums gibt lediglich einen Hinweis auf das abnehmende Interesse am Arbeiterfußball, jedoch verdeutlicht er beispielhaft: Fußball im ATSB hatte wenig Erfolg. Doch wie misst man Erfolg? Zwei Dinge: Zum einen an dem selbst formulierten Anspruch, zum anderen aus dem Vergleich heraus. Fallen beide Ergebnisse eindeutig negativ aus, ja dann muss man vom grauen Pendant des Erfolgs sprechen: dem Scheitern. Aus der in dieser Arbeit entwickelten Perspektive lässt sich sagen: Fußball im ATSB profitierte nicht bloß relativ wenig von der damaligen Popularisierung des Spiels – er scheiterte, das ist die zentrale Erkenntnis der vorliegenden Arbeit.

Was verursachte dieses Scheitern? Folgende Gründe wurden herausgearbeitet und werden hier zunächst kurz zusammengefasst:

- Die turnerische Tradition des ATSB sorgte anfänglich für Widerstände gegen den Fußball, was viele Arbeiter in die Vereine des DFB trieb.
- Die Arbeitersportbewegung war bis ins Kaiserreich Pressionen ausgesetzt. Die Folgen dieses Entwicklungsrückstandes wirkten bis in die Weimarer Jahre nach.
- Das Fußballspiel als solches in seinem Selbstverständnis war unvereinbar mit der von der ATSB-Führung angestrebten Idee des ‚neuen Menschen'.
- Die Arbeitersportbewegung verlangte von ihren Mitgliedern ein starkes politisches Engagement, das von vielen, die sich vorrangig als Fußballer verstanden, als Belastung empfunden wurde. Der DFB erklärte sich für politisch neutral.
- Der ‚bürgerliche' Fußball wurde durch Mäzene gefördert, pflegte zumeist gute Kontakte zur Politik und Wirtschaft – der Arbeitersport kaum.
- In der Auseinandersetzung mit dem ‚bürgerlichen' Sport setzten die Arbeitersportler konsequent auf Abgrenzung, während die bürgerlichen Vereine den Arbeitern Offenheit anboten.
- Dem Arbeiterfußball gelang es nicht, sich in der Öffentlichkeit – also in der Presse – attraktiv für seine Zielgruppe zu präsentieren. Zudem widersprachen ihre Präsentationsformen der Idee des Fußballs und dem Zeitgeist der Weimarer Republik.
- Das Leistungs- und Konkurrenzprinzip gehörte für viele Menschen zum Wesen des modernen Sports, ja es machte für sie überhaupt erst seine Attraktivität aus. Die ‚Bürgerlichen' kultivierten in ihren Vereinen und in ihrer Presse diesen Gedanken, während die Arbeitersportler ihn ablehnten.

Ist es aber gerechtfertigt, von einem verurteilten Spiel zu sprechen, das von vornherein zum Scheitern verdammt war, so wie es im Titel der Arbeit gefragt wurde? Trug der ATSB-Fußball wirklich „den Keim seiner Zerstörung“ (Wildung 1929, 5) in sich? Ausgehend von Michels’ These, wonach besonders die Arbeiterorganisationen einem ehernen Gesetz zur Oligarchisierung unterlagen (vgl. Michels 1925, 25), war es ein Ziel der Arbeit, herauszufinden, ob der Arbeiterfußball sui generis dafür verantwortlich sei, dass er von der sprunghaften Entwicklung des Fußballs in diesen Jahren derart wenig profitierte.

Im Verlauf der Arbeit ist deutlich geworden, dass auch obige Frage zu bejahen ist, wenn auch nicht nach Michels. Denn trotz der schwierigeren Ausgangsposition zur Organisation des Fußballs im Bund hat letztlich ein geregelter Spielbetrieb stattgefunden. Meisterschaften und Länderspiele, sogar Europaspiele und Arbeiterolympiaden wurden ausgetragen. Das Organisationssystem war weitgehend stabil, wenn auch hierarchisch strukturiert. Debatten innerhalb des Bundes und der Sparte fanden statt und führten bisweilen zu heftigen Auseinandersetzungen, jedoch mündeten sie niemals in den Gedanken an eine Abspaltung der Fußballspieler aus dem Bund oder gar in eine Auflösung der Sparte. Ein eigenständiger Arbeiter-Fußball-Bund stand nicht zur Diskussion. Demnach konnte auf der organisatorischen Ebene nicht der primäre Grund dafür gefunden werden, dass sich ein erfolgreicher Arbeiterfußball, im Sinne eines Massensports, gar nicht erst entwickeln konnte.

Dieser hingegen fand sich in dem überdauernden Verständnis der Arbeitersportbewegung vom Sport. Denn die dogmatische Auffassung des Arbeitersports ging von einem irrigen menschlichen Bewegungsbedürfnis aus, deutete den Zweck der (sportlichen) Bewegungshandlungen um und oktroyierte somit dem Sport ein falsches Menschenbild. Zentrale Begriffe wie ‚Leistung‘, ‚Spiel‘ oder ‚Wettkampf‘ unterlagen einer Umdeutung und beschnitten dadurch den Charakter der

Sportspiele im Allgemeinen und des Fußballs im Besonderen auf fundamentale Weise. Denn die Leistungsorientierung ist „ein integraler Teil des menschlichen Lebens“ (Haag 1986, 85) und ein „grundlegendes Merkmal menschlichen Verhaltens“ (Haag 1986, 53). Die Menschen der Weimarer Republik suchten und fanden diesen Leistungsvergleich im sportlichen Spiel, das sich in dieser Zeit überhaupt erst für sämtliche gesellschaftliche Schichten öffnete. Die Idee des Spiels war dabei kein Kind der Weimarer Zeit. Spiele, die ohne einen bestimmten Zweck zum Vergnügen, zur Entspannung, aus Freude an ihnen selbst und an ihrem Ergebnis ausgeübt werden, gab es seit Menschengedenken (vgl. Haag 1986, 60). Neben der Auflösung des vergleichenden Leistungsgedankens verletzte der Arbeiterfußball aber genau diese Freiheiten des Spiels mit seinem ideologisch-politischen Anspruch. Dabei scheint genau in der Aufrechterhaltung, ja sogar in der Betonung dieser Wettkampfspannung der Reiz des Sportspiels Fußball zu liegen, betrachtet man die Entwicklung im DFB. Denn der Sport als solcher und insbesondere der Fußball vereinigt und trennt zur gleichen Zeit, indem er auf der einen Seite solidarische Gefühle und Gemeinschaftserlebnisse hervorruft, aber gleichzeitig auch diejenigen ausschließt, die nicht zu dieser Gruppe gehören (vgl. Gebauer 2002, 192). Dieser Konflikt war für die Arbeitersportbewegung allerdings unlösbar, weil er die Aufgabe des eigenen politischen Anspruchs erfordert hätte.

Demnach schlummerte der „Keim der Zerstörung“ – den Wildung (1929, 5) eigentlich im ‚bürgerlichen‘ Wettkampfsport wähnte – aufgrund ihres falschen Selbstverständnisses vom Spiel in der ATSB-Fußballsparte, und das seit ihrer Gründung.

Immer ist es auch ein berechtigtes Anliegen einer historisch angelegten Arbeit, aus Geschichte zu lernen und Brücken in die Gegenwart zu schlagen. So fielen während der Bearbeitung des Themas erstaunliche Parallelen zu späteren Diskussionen im deutschen Fußball auf – besonders im Kapitel über die Inszenierung des Fußballs in den Medien. So wie damals der Fußball fürchtete, das Radio könnte die Menschen davon abhalten, ins Stadion zu gehen, plagte einige Vereine seit den 1990er Jahren auch dieselbe Furcht vor dem Privatfernsehen und dem Pay-TV. In beiden Fällen blieben die Sorgen unbegründet. Wohl wissend, dass auch die stets moderner werdenden Stadien das Massenpublikum zum Fußball ziehen, gibt mir die Gewissheit, dass der Fußball Vertrauen haben kann in das sinnlich unnachahmliche Erlebnis eines Stadionbesuchs, das ungebrochen (durch) Massen fasziniert.

Aus der Bearbeitung des Themas entstanden allerdings auch weitere Fragen und Probleme, die sich entweder in dem gebotenen Rahmen dieser Arbeit nicht diskutieren ließen oder aus den untersuchten Quellen nicht erschlossen werden konnten. Diese können nun als Forschungsdesiderat formuliert werden.

Ein ‚weißer Fleck' liegt dabei im Bereich der Lokalstudien einzelner ATSB-Fußballvereine. Sie sind praktisch kaum vorhanden, was wohl auf eine unzureichende Quellenlage zurückzuführen ist. Es wäre spannend zu erfahren, wie es genau im ‚Innenleben' der Arbeiterfußballvereine aussah, um dann Vergleiche anstellen und auch das Verhältnis zwischen der Sparte und seinen Vereinen besser ausleuchten zu können. Des Weiteren wären Regionalstudien über die Sozialstrukturen der Vereine des DFB sowie die des ATSB interessant. Solche Studien könnten weitere Hinweise dafür geben, dass das Klassenbewusstsein der Arbeiter im Fußball lediglich eine untergeordnete Rolle spielte.

Literatur

Clark, Christopher (2007). Preußen. Aufstieg und Niedergang 1600-1947. München.

Dierker, Herbert (1990). Arbeitersport im Spannungsfeld der zwanziger Jahre. Essen.

— (1983). Theorie und Praxis des Arbeitersports in der Weimarer Republik. In Blecking, Diethelm (Hrsg.). Arbeitersport in Deutschland 1893-1933. Dokumentation und Analysen (43-56). Köln.

Eggers, Erik (2001). Fußball in der Weimarer Republik. Kassel.

— (2004). „Berufsspieler sind Schädlinge des Sports, sie sind auszumerzen..." – Crux und Beginn eines deutschen Sonderwegs im europäischen Fußball: Die Amateurfrage im deutschen Fußball der Weimarer Republik. In Pyta, Wolfram (Hrsg.). Der lange Weg zur Bundesliga. Zum Siegeszug des Fußballs in Deutschland (91-112), Münster.

— (2007). Die Geschichte der Sportpublizistik (bis 1945): Von der Turnpresse im 19. Jahrhundert zur gleichgeschalteten Sportpresse im „Dritten Reich". In Schierl, Thomas (Hrsg.). Handbuch Medien, Kommunikation und Sport (10-41). Schorndorf.

Eisenberg, Christiane (1990). Vom Arbeiter- zum Angestelltenfußball? – Zur Sozialstruktur des deutschen Fußballsports 1890-1950. In Peiffer, Lorenz & Spitzer, Giselher (Hrsg.). Sozial- und Zeitgeschichte des Sports, Heft 3 (20-45), Aachen.

— (1993). Massensport in der Weimarer Republik. Ein statistischer Überblick. In Friedrich Ebert Stiftung (Hrsg.). Archiv für Sozialgeschichte, Band 33 (137-177), Bonn.

— (1999). ‚English Sports' und Deutsche Bürger. Eine Gesellschaftsgeschichte 1800-1939. Paderborn.

— (2004). Fußball als globales Phänomen. Historische Perspektiven. In Politik und Zeitgeschichte, 26, 7-15.

Faulenbach, Bernd (1982). Die Arbeitersportbewegung als Teil der Arbeiterkulturbewegung. In Arbeitersport gestern und heute – Materialien zum Sport in Nordrhein-Westfalen (5-19), Heft 6, Köln.

Filter, Frank (1988). Fußballsport in der Arbeiter- Turn- und Sportbewegung. In Sozial- und Zeitgeschichte des Sports, 1, Bonn, 55-73.

Franken, Paul (1930). Vom Werden einer neuen Kultur – Die Aufgaben der Arbeiter-Kultur- und –Sportorganisationen. Berlin.

Gebauer, Gunter (2002). Sport in der Gesellschaft des Spektakels. Sankt Augustin.

Gehrmann, Siegfried (1988). Fußball, Vereine, Politik – Zur Sportgeschichte des Reviers 1900-1940. Essen.

— (1997). Fußballklubs als Mittel regionaler Identitätsbildung. „Schalke“ und „Borussia“ und das Ruhrgebiet. In Gehrmann, Siegfrieg (Hrsg.). Fußball und Region in Europa – Probleme regionaler Identität und die Bedeutung einer populären Sportart (87-96), Münster.

— (1998). Der F.C. Schalke 04. In Hopf, Wilhelm (Hrsg.). Fussball – Soziologie und Sozialgeschichte einer populären Sportart (117-129), Münster.

— (2004). Der F.C. Schalke 04 und seine frühe Geschichte – Ein Fußballklub als Identifikationsmedium im Ruhrrevier. In Pyta, Wolfram (Hrsg.). Der lange Weg zur Bundesliga – Zum Siegeszug des Fußballs in Deutschland (151-170), Münster.

Gömmel, Rainer (2004). Der „Club“ und sein Hinterland: der 1. FC Nürnberg als Faktor fränkischen Regionalbewusstseins. In Pyta, Wolfram (Hrsg.). Der lange Weg zur Bundesliga – Zum Siegeszug des Fußballs in Deutschland (171-181), Münster.

Grebing, Helga (1981). Geschichte der deutschen Arbeiterbewegung – Ein Überblick. München.

Grüne, Hardy (2003). 100 Jahre Deutsche Meisterschaft, Göttingen.

Haffner, Sebastian (2000). Die Geschichte eines Deutschen. Die Erinnerungen 1914-1933. Stuttgart.

Hauck, Gerhard (1987). Fußball – eine „proletarische Sportart“ im Arbeiter-Turn- und Sportbund? In Teichler, Hans Joachim & Hauck, Gerhard. Die illustrierte Geschichte des Arbeitersports (160-169), Bonn.

Heimsoth, Andreas (2000). Bauten der Leidenschaft. Volkspark und Kampfbahnen. In Brüggemeier & Borsdorf, U & Steiner, J. (Hrsg.). Der Ball ist rund (101-124). Essen.

Heinrich, Arthur (2000). Der deutsche Fußballbund – Eine politische Geschichte. Köln.

Hering, Hartmut (2003): Im Land der tausend Derbys – Die Fußball-Geschichte des Ruhrgebiets, Göttingen.

Klönne, Arno (1989). Die deutsche Arbeiterbewegung – Geschichte, Ziele, Wirkung. München.

Kolb, Eberhard (2002). Die Weimarer Republik. München.

Kramer, Dieter (1987). Theorien zur historischen Arbeiterkultur. Marburg.

Krammer, Reinhard (1985). Die Arbeitersportbewegung in Österreich. In Krüger, Arnd & Riordan, James (Hrsg.). Der internationale Arbeitersport (85-102), Köln.

Krüger, Michael (1993). Einführung in die Geschichte der Leibeserziehung und des Sports. Teil 2: Leibeserziehung im 19. Jahrhundert. Turnen fürs Vaterland. Schorndorf.

Kuczynski, Jürgen (1982). Geschichte des Alltags des Deutschen Volkes. Studien 3. 1810-1870. Köln.

Langewiesche, Dieter (1979). Arbeiterkultur in Österreich: Aspekte, Tendenzen und Thesen. In Ritter, Gerhard A. (Hrsg.). Arbeiterkultur (40-57), Königstein.

— & Schönhoven, Klaus (1981). Arbeiter in Deutschland. Paderborn.

Lösche, Peter & Walter, Franz (1989). Arbeiterbewegung in der Weimarer Republik – Niedergang der Klassenkultur oder solidargemeinschaftlicher Höhepunkt? In: Geschichte und Gesellschaft, 15. Jg., Heft 4 (511-536).

Luh, Andreas (2006). Fußball als Massenphänomen und Faszinosum der Weimarer Zeit – Verbreitung, Organisation und Konfliktpotenziale. In SportZeiten – Sport in der Geschichte, Kultur und Gesellschaft, Heft 1 (7-69), Göttingen.

Mertins, Bernd & Stegmann, Jürgen (1983). Der Arbeitersport unter Einfluß der Spielbewegung in Deutschland mit einem Ausschnitt der Entwicklung im Bremer Raum. Bremen.

Michels, Robert (1925). Zur Soziologie des Parteienwesens in der modernen Demokratie: Untersuchungen über die oligarchischen Tendenzen des Gruppenlebens. Leipzig.

Mommsen, Hans (1979). Arbeiterbewegung und nationale Frage. Göttingen.

Nitsch, Franz (1985). Die internationalen Arbeitersportbewegungen. In Krüger, Arnd & Riordan, James (Hrsg.). Der internationale Arbeitersport (174-209), Köln.

— & Peiffer, Lorenz (1995): Die roten Turnbrüder – 100 Jahre Arbeitersport, Marburg 1995.

Oswald, Rudolf (2007). Vom Ursprung der deutschen Fußball-Tugenden im Volksgemeinschaftsideal – Die Berichterstattung der Fachpresse 1919-1954. In Mittag, Jürgen & Nieland, Jörg-Uwe (Hrsg.). Das Spiel mit dem Fußball – Interessen, Projektionen, Vereinnahmungen (83-97), Hamburg.

Planck, Karl (1982). Fußlümmelei. Über Stauchballspiel und englische Krankheit. (Stuttgart 1898). Nachdruck der Ausgabe, Münster.

Pyta, Wolfram (Hrsg.): Der lange Weg zur Bundesliga – Zum Siegeszug des Fußballs in Deutschland, Münster 2004.

Ritter, Gerhard A. (1979). Arbeiterkultur. Königstein.

— (1996). Arbeiter, Arbeiterbewegung und soziale Ideen in Deutschland. München.

Ruppert, Wolfgang (1986). Die Arbeiter – Lebensformen, Alltag und Kultur von der Frühindustrialisierung bis zum „Wirtschaftswunder". München.

Schulze-Marmeling, Dietrich (1992): Der gezähmte Fußball, Göttingen.

Simri, Uriel (1985). Die Geschichte des Arbeitersports in Israel. In Krüger, Arnd & Riordan, James (Hrsg.). Der internationale Arbeitersport (164-173), Köln.

Skrentny, Werner (1982). „Die Solidarität war ja überall". In Projekt Arbeiterkultur Hamburg (Hrsg.). Vorwärts und nicht vergessen. Arbeiterkultur in Hamburg um 1900 (187-208), Berlin.

— (2002). Vergessene Fußballgeschichte: Die Arbeitersportbewegung. In Fischer, Gerhard & Lindner, Ulrich (Hrsg.). Stürmer für Hitler (71-78), Göttingen.

Stiller, Eike (2006): Literatur zur Geschichte des Arbeitersports in Deutschland von 1892 bis 2005 – Eine Bibliographie, Berlin 2006.

Teichler, Hans Joachim (1984). Arbeitersport – Körperkultur – Arbeiterkultur.Kritische Anmerkungen zu einem längst überfälligen Aufarbeitungsprozeß. In Sportwissenschaft, Jh. 14, Heft 4 (325-347), Köln.

— (1985): Arbeiterkultur und Arbeitersport, DVS-Protokolle, Clausthal-Zellerfeld.

— & Hauck, Gerhard (1987). Die illustrierte Geschichte des Arbeitersports. Bonn.

Timmermann, Heinz (1973). Geschichte und Struktur der Arbeitersportbewegung. Hamburg.

Ueberhorst, Horst (1973). Frisch, frei, stark und treu. Die Arbeitersportbewegung in Deutschland 1893-1933. Düsseldorf.

— (1982). Die Rolle des Sports in der deutschen Arbeiterbewegung. In Arbeitersport gestern und heute – Materialien zum Sport in Nordrhein-Westfalen, Heft 6 (135-152), Köln.

Wagner, Helmut (1931). Sport und Arbeitersport. Berlin.

Wheeler, Robert (1979). Organisierter Sport und organisierte Arbeit. Die Arbeitersportbewegung. In Ritter, Gerhard A. (Hrsg.), Arbeiterkultur (58-73). Königstein.

Wildung, Fritz (1929). Arbeitersport. Berlin.

Winkler, Heinrich August (1985). Der Schein der Normalität. Arbeiter und Arbeiterbewegung in der Weimarer Republik 1924 bis 1930. Berlin.

Wunderer, Hartmann (1980). Arbeitervereine und Arbeiterparteien – Kultur- und Massenorganisationen in der Arbeiterbewegung (1890-1933). Frankfurt a.M.

Zobel, Paul (1924). Bürgerlicher Sport und wir. In ATSB (Hrsg.). Bürgerlicher Sport und Arbeitersport. Aufgaben der Arbeitersportbewegung. Drei Vorträge (1-13), Berlin.

Primärquellen

Zeitungen:

Die Freie Sportwoche: Zeitschrift für Fußball, Leichtathletik und Turnen, Leipzig. Ab 1928: Freie Sportwoche: Zeitschrift für Spiel und Sport. Jg. Nr. 1, 1919 – Nr. 13, 1931.

Der Fußball-Stürmer, Leipzig. Jg. Nr. 1-12, 1933.

Der Fußball-Spieler: Technischer Teil, Leipzig. Jg. Nr. 1, 1927 – Nr. 10, 1929.

Sonstige Quellen:

Amtliches Programmheft zur 1. Internationalen Arbeiter-Olympiade zu Frankfurt a. Main vom 24.-28.Juli. Hrsg. vom Hauptausschuss. Frankfurt 1925.

ATSB (Hrsg.) Bundes-Kalender, Leipzig, Jg. 1929-1933.

Arbeiter-Turnerbund. Die Protokolle der Bundes-Turntage, ATSB (Hrsg.), Leipzig, 13. – 17. Bundestag.

Arbeitersport und Sozialdemokratie. Protokollierte Rede von Carl Schreck. Leipzig. ATSB (Hrsg.), 1929.

Blumtritt, Max: Arbeitersport und Kultur. ATSB (Hrsg.) 1927.

Bundes-Fußballsatzung im Arbeiter-Turn- und -Sportbund e.V. mit Erläuterungen und Anhang, Leipzig : Arbeiter-Turnverl., 1931.

Bundesschule des Arbeiter-Turn- und -Sportbundes ; Gesamtbericht von der Gründung bis zum Jahre 1924 von G. Benedix, C. Gellert, R. Ranke. ATSB (Hrsg.). Leipzig, 1925.

Bürgerlicher Sport und Arbeitersport : Aufgaben der Arbeitersportbewegung, ATSB (Hrsg.). Drei Vorträge von B. Lieske und P. Zobel. Berlin 1924.

Das Kampfspiel für Kinder und Jugendliche : Fußball oder Handball? ATSB (Hrsg.). Leipzig. Merkblätter für Lehrgänge, 40.

Der Arbeiter-Turnerbund : Eine kurze Erläuterung über die Entstehung und Gründung desselben. – Brandenburg ca. 1892.

Der Kampf um den Bund von Cornelius Gellert. ATSB (Hrsg.). Leipzig, 1928.

Warum bist du Mitglied des Arbeiter-Turn- und -Sportbundes? ATSB (Hrsg.). Leipzig 1926.

Die Arbeiter-Turn- und -Sportschule zum 1. Arbeiter-Olympia, Frankfurt a.M., Juli 1925, Übungsziel und Übungsinhalt bei dem Systemwettstreit. Leipzig 1925.

Die Fußballspiele der Ländermannschaft der Union der sozialistischen Sowjet-Republiken in Deutschland Juli 1927, ATSB (Hrsg.). Sparte Fußball. 1927.

Grundsätze für den Lehr- und Übungsbetrieb des Fußballspiels. Arbeiter-Turn- und –Sportschule (Hrsg.). Leipzig, 1931.

Riedel, Robert. Der Schiedsrichter für das Fußballspiel, Arbeiter-Turnverl., 1928.

Spiele mit ausländischen Fußballmannschaften. Arbeiter-Turn- und – Sportschule (Hrsg.). Leipzig : Arbeiter-Turnverl., 1931.

Sport und Politik. Rede von Arthur Arzt. ATSB (Hrsg.). Leipzig, 1927.

Unsere Gegner – für die Vereine im ATSB. (Hrsg.) von C. Gellert. Leipzig.

Von welchem Alter an kann die Schuljugend ohne Schädigung der Gesundheit planmäßig Fußball spielen? Arbeiter-Turn- und –Sportschule (Hrsg.). Leipzig. 1920.

Zeitfolge der Fußballspiele und des Fußballdreikampfes, ATSB (Hrsg.). Nürnberg 1929.

GÖTTINGER JUNGE FORSCHUNG

Schriftenreihe des Göttinger Instituts für Demokratieforschung

Herausgegeben von Dr. Matthias Micus

ISSN 2190-2305

1 *Stine Harm*
Bürger oder Genossen?
Carlo Schmid und Hedwig Wachenheim - Sozialdemokraten trotz bürgerlicher Herkunft
ISBN 978-3-8382-0104-7

2 *Benjamin Seifert*
Träume vom modernen Deutschland
Horst Ehmke, Reimut Jochimsen und die Planung des Politischen in der ersten Regierung Willy Brandts
ISBN 978-3-8382-0105-4

3 *Robert Lorenz*
Siegfried Balke
Grenzgänger zwischen Wirtschaft und Politik in der Ära Adenauer
ISBN 978-3-8382-0137-5

4 *Johanna Klatt*
Rita Süssmuth
Politische Karriere einer Seiteneinsteigerin in der Ära Kohl
ISBN 978-3-8382-0150-4

5 *Bettina Munimus*
Heide Simonis
Aufstieg und Fall der ersten Ministerpräsidentin Deutschlands
Mit einem Geleitwort von Heide Simonis
ISBN 978-3-8382-0170-2

6 *Michael Lühmann*
Der Osten im Westen – oder: Wie viel DDR steckt in Angela Merkel, Matthias Platzeck und Wolfgang Thierse?
Versuch einer Kollektivbiographie
ISBN 978-3-8382-0138-2

7 *Frauke Nicola Schulz*
„Im Zweifel für die Freiheit“
Aufstieg und Fall des Seiteneinsteigers Werner Maihofer in der FDP
ISBN 978-3-8382-0111-5

8 *Daniela Kallinich*
Nicolas Sarkozy
Vom Außenseiter zum Präsidenten
ISBN 978-3-8382-0122-1

9 *Sebastian Kohlmann*
Franz Müntefering
Eine politische Biographie
ISBN 978-3-8382-0236-5

10 *Ralf Schönfeld*
Kanzleramtschefs im vereinten Deutschland
Friedrich Bohl, Frank-Walter Steinmeier und Thomas de Maizière im Vergleich
ISBN 978-3-8382-0116-0

11 *Lars Geiges*
Fußball in der Arbeiter-, Turn- und Sportbewegung
Ein zum Scheitern verurteiltes Spiel?
ISBN 978-3-8382-0225-9

Abonnement

Hiermit abonniere ich die Reihe **Göttinger Junge Forschung (ISSN 2190-2305),** herausgegeben von Dr. Matthias Micus,

❒ ab Band # 1

❒ ab Band # ___

- ❒ Außerdem bestelle ich folgende der bereits erschienenen Bände:

  #___, ___, ___, ___, ___, ___, ___, ___, ___, ___, ___, ___

❒ ab der nächsten Neuerscheinung

- ❒ Außerdem bestelle ich folgende der bereits erschienenen Bände:

  #___, ___, ___, ___, ___, ___, ___, ___, ___, ___, ___, ___

❒ 1 Ausgabe pro Band ODER ❒ ___ Ausgaben pro Band

Bitte senden Sie meine Bücher zur versandkostenfreien Lieferung innerhalb Deutschlands an folgende Anschrift:

Vorname, Name: ________________________________

Straße, Hausnr.: ________________________________

PLZ, Ort: ________________________________

Tel. (für Rückfragen): __________________ *Datum, Unterschrift:* ________________

Zahlungsart

❒ *ich möchte per Rechnung zahlen*

❒ *ich möchte per Lastschrift zahlen*

bei Zahlung per Lastschrift bitte ausfüllen:

Kontoinhaber: ________________________________

Kreditinstitut: ________________________________

Kontonummer: __________________________ Bankleitzahl: ____________________

Hiermit ermächtige ich jederzeit widerruflich den ***ibidem***-Verlag, die fälligen Zahlungen für mein Abonnement der Schriftenreihe **Göttinger Junge Forschung** von meinem oben genannten Konto per Lastschrift abzubuchen.

Datum, Unterschrift: ________________________________

Abonnementformular entweder **per Fax** senden an: **0511 / 262 2201** oder 0711 / 800 1889
oder als **Brief** an: ***ibidem***-Verlag, Julius-Leber Weg 11, 30457 Hannover oder
als e-mail an: ibidem@ibidem-verlag.de

***ibidem*-Verlag**

Melchiorstr. 15

D-70439 Stuttgart

info@ibidem-verlag.de

www.ibidem-verlag.de
www.ibidem.eu
www.edition-noema.de
www.autorenbetreuung.de

Zeitfracht Medien GmbH
Ferdinand-Jühlke-Straße 7
99095 Erfurt, Deutschland
produktsicherheit@kolibri360.de